差异教学新视野丛书

华国栋 主编

Differentiated
Instructional Strategies

One Size Doesn't Fit All Third Edition

[美] 盖尔·格雷戈里（Gayle H. Gregory）
[美] 卡罗琳·查普曼（Carolyn Chapman） ◎著

张小红 ◎译

差异教学策略：不一样的孩子，不一样的方法

U0782530

教育科学出版社

·北京·

丛 书 序

　　因材施教思想是我们的祖先留给教育工作者的宝贵财富，也是我国当今及未来教育现代化的核心内涵之一。但是，在班级授课制的条件下如何因材施教，又往往是教育工作者普遍感到困惑的问题，而这也正是我从教近五十年的孜孜探求。特别是中国共产党第十一届三中全会后，教育改革的呼声越来越高，我深感"大一统""一刀切"的教学不利于促进学生个性的健康发展，也不利于培养国家需要的多种类型的创新人才。于是，在 20 世纪 90 年代初，我提出了"差异教学"的主张，并开始了差异教学的策略及模式的实验研究，这些研究逐渐开始以"滚雪球"的方式向前推进。

　　随着我国新一轮课程改革的不断深入，推进教育公平和提高教育质量已成为当今教育的重要任务。现实教育中，如何使"鱼"与"熊掌"能够兼得？研究与实践证明，"关注学生差异，实施差异教学"，就可一举两得。真正的教育公平不仅是教育资源的配置公平、入学机会的公平，而且应是教学过程的公平，即每个学生都能得到适合其特点的教学。要提高教育质量，首先就要提高教学的针对性和适切性，而学生是千差万别的，特别是区域招生实行计算机派位以来，同一班级的学生，差异往往更大了。学校只有实施差异教学，才能满足不同学生的学习需要，促进每个学生的健康发展。

　　差异教学是指在班集体教学中，立足学生的个性差异，满足不同学生的个别学习需要，以促进每个学生在原有基础上得到充分发展的教学。差异教学不是只关注学生的个性，而是追求班集体中个性与共性的辩证统一。差异教学尊重每个学生的特点，扬优补缺，开发潜能，促进每个学生的不断适应与超越。差异教学的思想方法体现了东方文化的"辩证"与"中庸"，追求"和而不同"的美好境界。西方一些国家也在 20 世纪 90 年代后期提出了差异教学（或差异化教学、差异性教学）的主张，这说明世界范围内教育改革的一些共同走向，体现了后现代社会的一些特征。但需要指出的是，在差异教学的一些观点、策略，包括理论基础、价值取向等方面，西方一些国家的研究与我们倡导的差异教学不尽相同，我们可以学习借鉴，但不能盲目照搬。

几十年差异教学的研究与实践证明，在班级授课制的条件下，差异教学能大面积提高教学质量，促进不同层次、不同类型的学生充分发展。尽管城市学校与农村学校、生源好的学校与生源较差的学校，实施差异教学的做法不完全相同，但只要学校领导重视，教师积极实践，这些学校无一例外地取得了显著成绩，不仅学生学业质量大幅度提升，教师也得到迅速成长。目前，差异教学仍在北京、天津、江苏、浙江、辽宁、黑龙江、湖北、山东、四川、福建、山西、云南、贵州等地区的学校实施，从部分学校参与实践发展到区域推进，覆盖普通教育、特殊教育、职业教育等多个领域，以及大学、中学、小学、学前各学段，形势喜人。有关差异教学的论文、著作也雨后春笋般不断涌现，如《论差异教学与教育公平》《学生差异资源的教育教学价值初探》《差异教学论（修订版）》《差异教学策略》《卓越与公平：普通班的英才教育》等。许多学校实施差异教学的成功案例也结集出版，如《模式与变式：一所小学的差异教学探索之旅》《中学地理差异教学情境创设》等。

"差异教学新视野丛书"将随着差异教学研究与实践的推进与深入，扩展到特殊教育、职业教育等领域，并介绍语文、数学、外语等不同学科和不同课型的差异教学实施经验与典型案例，以更方便一线教师学习与运用。他山之石，可以攻玉。本丛书也会选择当今国外差异教学领域的一些相关著作，译成中文介绍给大家学习参考。当然，为了帮助读者深度理解差异教学，今后我们也会从更高的理论视角对差异教学进行系统解读和论述，以飨读者。

中国教育科学研究院　华国栋

内 容 简 介

1. 不一样的孩子，不一样的方法

教师当前面临的挑战在于，如何满足每一名学生的个人需要。如果你相信"人生来有别"这样的哲学，那么你也要相信所有的学生都有他们擅长的地方，并且有基于他们兴趣、背景、经历和知识层面而产生的需要。本章主要阐述差异教学的内容、形成性评估、表现性任务和差异教学策略。为了满足当前课堂上不同学生的需要，教师需要有策略地实施好《共同核心州立标准》①。

2. 创造适合学习的氛围

我们需要为全体学生创造一个健康的、安全的和促进学生发展的学习环境。本章探讨了一些关于建立学习共同体的观点、建议和策略，这种学习共同体要能够对有效学习文化所涉及的情感、认知、社交和物理环境等方面做出回应。

3. 了解每一名学生

每一个大脑都是独一无二的。教师要了解每一名学生，这是至关重要的。教师越多地了解学生，就越容易理解学生的行为并且提供合适的差异学习机会。学习本章，你会找到一个装有明晰个人特点、个人学习风格、多元智能和个人偏好的方法和工具的百宝箱。

4. 评估学生

正式和非正式的形成性评估工具都是用来交流富有成效的反馈和调整学习机会的。那些收集起来的评估数据会推动课程计划和实施。形成性评估工具可用在教学实施之前、教学过程中和教学实施之后。在本章，你会了解一些预评估工具。这些工具可以提供一些数据，帮助教师根据每一名学生的知识基础和背景经

---

① 英文名为 *Common Core State Standards*，简称 CCSS。这是美国全国统一的课程标准。我国教师阅读时可理解为要结合相应的国家课程标准等指导性文件，下同。——编者注

历做出计划。在教学过程中，教师可以通过观察并使用一些合适的工具去判定如何把握教学的节奏、做出明确的决定。明确学生已掌握的目标和标准，明确指出在这样的经历中每个学生所学到的内容。

5. 调整、压缩和分组

教师可以根据预评估的数据来设计一些可调整的任务，用这些任务来挑战学生的知识水平。有些学生在学习的入门阶段需要外界的干预；有些学生拥有恰当的学习背景，他们准备好了学习本年级相应的材料；还有些学生则需要先复习之前学过的材料，并通过体验更加具有挑战性和更加有趣的学习活动来了解更多的信息。学生掌握知识和发展技能的阶段有所不同，所以教师需要灵活多变地设计个人或者小组的任务。本章将会介绍 TAPS 原则（全体、个人、两人一组和多人小组）来帮助教师进行灵活的分组。

6. 促进学生成功的教学策略

本章整体介绍了基于脑科学和其他一些研究形成的帮助学生成功的策略。为了使所有的学生都能有明显的进步，教师需要掌握一整套的教学技能。以不同的方法教授和学习知识将惠及更多的学生。本章将帮助教师探索用在学生学习前、学习中和学习后的最有效的评估活动。教师可以在此基础上添加更多的策略，从而开发出一个"策略工具箱"来激励和吸引学生。

7. 适合差异化课堂教学的课程方法

本章将会介绍一些有效实施差异教学的课程方法，并对学习中心（站）、项目学习、学习契约、立方体和选择板等方法进行解释、分析。本章也会介绍一些用于成功实施差异教学的管理技巧。这些策略和技巧将会激励学生寻找更多的动力去学习和运用所学到的知识，并且培养《共同核心州立标准》中或者你自己所在国家和地区的课程标准中所规定的学习技能。

8. 把这一切整合应用到你的差异化课堂中

做好计划是成功实施差异教学的关键。本章将会呈现成功实施差异教学的六步设计模板，并以一些例子来分析有关可调整的任务和教学设计的模板。本章分享了针对不同年级的多种课程，满足学生在参与学习过程中的不同需求。实施差异教学将通过满足每一名学生的需求来实现学生学习成绩的提高。请记住：

不一样的孩子，不一样的方法！

作者介绍

盖尔·格雷戈里（**Gayle H. Gregory**）女士曾在小学、初中和高中一线任教。在过去的很多年中，她曾经在多所采用长时段排课方式（模块化教学）的学校任教。她还是一位经验丰富的课程顾问及教职工发展协调员。她也曾做过约克大学教育学院的课程主管，并在教师进修项目中任教。现在，她在世界范围内（欧洲、亚洲、南美洲、北美洲、大洋洲）从事教育咨询工作，其咨询工作内容范围广泛，主要包括教师咨询、管理者咨询、适应脑功能的学习（brain-compatible learning）领域的教职工专业发展咨询、模块化教学咨询、情商咨询、教学评估咨询、小组合作学习咨询、表达技巧咨询、中学变革咨询、教师素养提升咨询、教练和指导咨询、管理变革咨询等。同时，她还是一位高产的教育作家，独立撰写并与他人合著了大量书籍：《差异教学策略实践》（*Differentiated Instructional Strategies in Practice*）、《不同风格下的差异教学》（*Differentiating Instruction With Style*）、《基于课程标准的课堂环境下的数据驱动型差异教学》（*Data-Driven Differentiation in the Standards-Based Classroom*）、《着眼于学生成长和进步的差异化读写学习策略（幼儿园—小学 6 年级）》（*Differentiated Literacy Strategies for Student Growth and Achievement in Grades K–6*）、《着眼于学生成长和进步的差异化读写学习策略（7—12 年级）》（*Differentiated Literacy Strategies for Student Growth and Achievement in Grades 7–12*）、《英语语言学习者的差异化读写学习策略（幼儿园—6 年级）》（*Differentiated Literacy Strategies for English Language Learners, Grades K–6*）、《英语语言学习者的差异化读写学习策略（7—12 年级）》（*Differentiated Literacy Strategies for English Language Learners, Grades 7–12*）、《模块化教学中的差异化教学策略》（*Differentiated Instructional Strategies for the Block Schedule*）、《富有成效的教师团队：61 个小组学习进程中的技巧和策略》（*Teacher Teams That Get Results: 61 Group Process Skills and Strategies*）、

《高效的学生学习团队：61 个小组学习进程中的技巧和策略》（*Student Teams That Get Results: 61 Group Process Skills and Strategies*）、《关于差异化教学校长不可不知的那些事》（*What Principals Should Know About Differentiation*）以及《大处着眼，小处着手：友善用脑课堂中的差异化教学》（*Think Big，Start Small: How to Differentiate Instruction in a Brain-Friendly Classroom*）。《教育视频杂志》（*Video Journal of Education*）重点介绍了她的差异教学思想及"富有成效的教师团队"系列丛书。她将一生都献给了自己和他人的终身学习及专业成长。您可以通过向 gregorygayle@netscape.net 发邮件和她本人取得联系。她的个人网页网址是 www.gaylehgregory.com。

卡罗琳·查普曼（Carolyn Chapman）女士是国际著名的教师专业发展顾问、作家和教师，多年来一直孜孜不倦地支持和帮助教育工作者为更好地适应今天的学生所做出的教育变革方面的努力。她是一位经验丰富的教师，教授的学生年龄跨度很大，从学龄前儿童到高校的大学生。她的教学注重互动性和实用性，尤其关注挑战学生的思维，以确保各个年龄段学生的成功。在她的著作和提供的各种专业发展机会中，参与者都能积极主动地学习，把理论运用到实践中。她知行合一，长期致力于改变课堂教学的面貌。在观察、倾听和研究高效能教师的课堂实践基础上，她意识到教育工作者成为学生学习的信息传递者和强力支持者的紧迫性；教育工作者是专家，因为他们每天的工作都能对学生产生影响；教师必须找到抵达每一个学生心灵的钥匙。最为重要的是，她为学生提供了影响其学习的工具、策略、技巧和理念。

卡罗琳也是一位高产的教育作家，独立撰写并和他人合著了大量作品。科维出版社（Corwin Press）和学校发展互联网平台（School Improvement Network）在许多有关差异教学的多媒体资源中重点介绍了她的成果。她的出版物包括：《差异教学策略：不一样的孩子，不一样的方法》（*Differentiated Instructional Strategies: One Size Doesn't Fit All*）、《差异教学评估：不一样的孩子，不一样的评估》（*Differentiated Assessment Strategies: One Tool Doesn't Fit All*）、《适应脑功能的有效课堂测试》（*Test Success in the Brain-Compatible Classroom*）、《聚焦内容领域的阅读课差异教学策略》（*Differentiated Instructional Strategies for Reading in the Content Areas*）、《聚焦内容领域的写作课差异教学策略》（*Differentiated*

Instructional Strategies for Writing in the Content Areas)、《假如穿上了合适的鞋子——如何在课堂上培养学生的多元智能》(*If the Shoe Fits: How to Develop Multiple Intelligences in the Classroom*)、《旨在培养多元智能的多元评估》(*Multiple Assessments for Multiple Intelligences*) 和《通过学习中心和学习项目培养多元智能》(*Multiple Intelligences Through Centers and Projects*)。她的创造性学习连接有限公司（Creative Learning Connection, Inc.）制作了 CD《卡罗琳·查普曼为你寻找适合的差异教学方法》，还为她的每部著作制作了配套的培训手册。这些出版物都充分展示了卡罗琳为教育工作者改进教学和为学生提升学习质量的愿望与决心。

现在，她住在南卡罗来纳州。她在教课的同时还坚持写作，开展专业发展培训，在大会上做主旨发言和报告，并且和很多学校、地区和国家保持长期联系，去现场为教育工作者提供专业发展机会。

读者朋友可以通过以下电子邮箱和她取得联系：cjchapman52@gmail.com。

前　言

　　《差异教学策略：不一样的孩子，不一样的方法》是一本实用的、系统的、综合性的、能满足学生多种需要的书。我们拥有多年的课堂教学经验，也教过来自世界各地的成人学习者。本书（指英文版）第一版于 2001 年出版，书中把当时的教学实践和教与学的整体发展趋势联系起来进行了探讨，第二版于 2007 年出版。

　　随着新的教育问题和研究的出现，我们感到很有必要更新这本广受赞誉的好书。我们写这本书的初心是把差异教学中的各个方面和概念进行汇集，并从神经科学、评估和教育等方面对研究与最佳教学实践进行整合，以探索课堂上应该做什么。我们希望这本书的第三版能为新教师和经验丰富的教师提供一应俱全的资源。

　　本书第三版①内容简洁，而且实用。我们并非仅提供一些策略，而是将差异教学难题的各个方面全面汇总，并解开"差异之谜"。我们强调多方面的观点，并提供了一个全面的框架，勾勒出差异化课堂教学中的所有因素，包括创设学习氛围、了解学习者、评估学习者、最佳教学实践和课程方法。我们用便于教师理解的方式，用实例解释了可运用于从幼儿园到高中各学段的教学策略与概念。

　　在第二版的基础上，我们在提高学生参与度和选择权方面，增加了一些策略。我们在本书中提供的框架，教师可以将其视为一种对差异教学策略的概述。基于这一框架，教师在专业技能发展方面所获得的每一点进步都值得庆贺；而为了满足更多学习者的需要，促进教师持续提升与成长的新的挑战也会在这一框架下变得逐步清晰起来。在第三版中，我们也提供了课程或单元设计模板，这些可以帮助教师创建基于《共同核心州立标准》的教学计划，同时兼顾学生基础、兴

---

① 本书中文版是英文原著第三版的译著。——译者注

趣及偏好的差异。

为使这本书成为普通教师、教育管理者、专业学习团体及教育行政人员更丰富的资源，我们在第三版中还增添了一些新信息、新议题以及相应的新挑战。

明确的 21 世纪技能[①] 以及《共同核心州立标准》的出台有助于教育者以目标为导向聚焦课程。我们意识到我们的教学不是为了考试，而是为了学生的生活。我们已经在教学中融入了加速学习、批判性思维、公正和支持等要素，以便为学生提供最佳的学习机会。同时我们加入了协作技能、问题解决技能、创新与批判思维技能的培养。

30 年来，我们已注意到在神经科学的影响下，教育者们创设了一个安全和友善用脑的课堂环境，同时，神经科学的发展继续影响着教师、学生和课堂环境。尽管脑科学的相关研究在本书前两版中已被提及，但我们一直试图对神经科学以及它与差异教学及学生学习的联系进行更清晰的阐述。我们将诸如卡罗尔·德韦克（Carol Dweck）《看见成长的自己》（*Mindset：The New Psychology of Success*）等专著内容融入现在的版本中，以帮助教师创设一个安全、友善用脑的差异化课堂。在那里，教师会与学生发展"成长型心智模式"。

当教师们聚焦既定的标准而协同合作时，他们也会意识到学生身上存在的独特差异，意识到有必要基于这些差异进行调整、适应，开展差异化的教学。尽管还没有量化研究可以证明学习风格与多元智能对教学的有效性，但我们还是了解到人们更愿意在不同的时间以不同的方式进行学习。鉴于此，我们建议为学生整理学习档案，尤其是对学困生，因为这些学习档案包含了性别与文化因素在内的学生兴趣、学习需求等各个方面。

我们希望本书能成为一种丰富的资源，帮助广大师生成就最好的自己。

---

① 21 世纪技能（21st century skills），按照伯尼·特里林等人所著的《21 世纪技能：为我们所生存的时代而学习》（天津社会科学院出版社，2011 年出版）一书中的说法，具体包含学习与创新技能、培养数字素养技能、职业和生活技能三大类。——译者注

目录 CONTENTS

不一样的孩子，
不一样的方法

◎ 差异化的课堂
◎ 为什么需要差异化
◎ 为开展差异教学做好计划
◎ 章后反思

在 21 世纪的第二个十年里，我们的教室里满是千差万别的学习者，这种差别既有文化方面的，又有语言方面的。（Goodwin et al., 2012）每个学生都是独一无二的个体，他们在很多方面存在差异，比如身体特征、个性、家庭背景、认知能力、个人经历、学习偏好和社会性发展，等等。教学经验和最近的研究表明，每一个大脑的神经都有独特的连接方式，并且受到个体以前经历的影响。在这一思想的指导下，高效能教师都深知不能用同一种教育方式来教育不同的学习者。随着经验的不断积累和相关研究的不断丰富，人们对人类大脑工作原理的理解也在不断深化。每个学生都是不同的个体，每个学生都拥有别人不曾拥有的人生际遇，每个学生的大脑也是独一无二的，因此，每个学生的学习方式有所不同，爱好、兴趣、个人喜好和需要也千差万别，这是非常正常的现象。

在同一间教室里，学生们都带有各自不同的个人兴趣、经历和学习态度。教师该如何满足这么多不同的学习需求呢？唯一的答案就是将每个学生看成拥有独特价值的明星——因为每个学生给课堂带来了不同的已有知识和技能！为了发展深层理解能力，学生需要的不仅是事实性知识，还有概念性知识。量身定制般的教学为每个学生的需求提供了有效的课程，让每个学生能学有所成。为了突出强调这一点，我们不妨设想一下学校订购校服的场景：每个学生都根据自己的身材尺寸和舒适程度来订购校服。如果我们牢记了这一点，我们就可以经常提醒自己要灵活地开展差异教学，因为就像订购校服一样，同样一种尺寸显然无法满足所有人的需要！（见图 1.1）

然而多年来，我们仍然不厌其烦地设计着"同一种教学"并将之强加到全体学生身上——虽然我们明知道这会令一些学生心生厌烦，甚至会失去一些学生的关注，因为他们对这种教学感到无所适从。更糟糕的是，我们不仅不考虑如何调整我们的教学以适应不同的学习者，反而让学生调整自我来适应我们的教学计划。教学上的一切调整都应该建立在对学习者充分了解的基础上，这包括了解学生的已有知识、潜能、兴趣、需求和偏好等。

图 1.1　教学和衣服一样，同一种尺寸不能满足所有人的需要

注：本书中出现的类似图表及其中包含的信息，除单独标注出处的之外，均复制自本书英文版，所有版权归原出版机构科维出版社所有。

高效能教师不仅要熟悉自己的学生，也要熟知《共同核心州立标准》或者他们所在地区和国家的相关标准。制定《共同核心州立标准》的目的是设置一个全国性的标准，从而避免因地区不同而产生标准的差异。该标准更明晰、更深入，以帮助学生形成批判性思维和创造性思维，为今后进一步深造或在全球化市场中谋求职业做好准备。决定我们教学决策的应该是这些标准和学生的需求，而不是各种课程方案、学习材料和学习资源。当然，为了满足特定群体学生的学习需求，以及达到上述标准的要求，我们可以选择特定的学习材料和学习资源。

我们在全国各地学校课堂中的探索，以及我们对《共同核心州立标准》的研究，就是为了让学生能够自主地、富有成效地思考和解决问题，从而帮助他们在生活中获得成功。多年以来，我们不断对基于证据的教学策略和评估工具进行研究并付诸实施，这些策略和工具确实对学生学业进步产生了显著成效。差异教学是一种理念或思维模式，它帮助教育者有策略地规划教学，从而满足当今课堂中不同学习者的需要，使其达到预设的标准。差异教学不是一套工具，而是一套教师可以信奉的、用于满足每个学生的独特需求的理念体系或者一种思维模式。

对于在课堂上实施差异教学的教师来说，他们认同以下观点：

- 所有学生都有自己擅长的领域；

- 所有学生都有需要加强的地方；

- 如同指纹一样，每个学生的大脑都是独一无二的；

- 活到老，学到老；

- 当开始学习新知识时，学生会把已有知识和先前经验带到学习中；

- 情绪、情感和态度会影响学习；

- 所有学生都能学会；

- 学生在不同的时间里以不同的方式进行学习。

对于不同学段和不同领域的教学内容，教师会通过运用不同的差异教学策略与活动来贯彻上述理念。当教师真正满足了每个学生的学习需要，他就是在实实在在地实施差异教学。

差异教学不是一个新事物，但它需要教师有意识地分析可用的数据，判断哪些方面是有用的，哪些方面是需要调整的。对于有用的需要坚持，对于无用的则要摒弃，并且改变那些需要改变的。今天的教师其实已经做得很不错了，但是，有意识的思考和丰富的教学策略会有助于他们把工作做得更完美。

美国国家儿童健康和人类发展研究所（National Institute of Child Health and Human Development）于 2007 年发布的一个报告显示：儿童发展的若干方面——神经系统、认知、社会、心理、身体和道德——对儿童学习能力的发展有深远影响……（教师）需要了解更多基于科学研究的有关学生发展与学习的知识。

差异化的课堂

差异化的课堂是指教师对学生的独特需要能做出相关回应的课堂。卡罗尔·汤姆林森（Carol Tomlinson）把教学内容、教学过程和教学成果看作差异化的课堂的组成部分。（Tomlinson，1999）教学内容就是要教的东西，学生对知识的理解、适应和掌握就是教学过程，教学成果展示了学生的个人理解和所学到的知识。教师通过不断评估这三个组成部分，创造出适合每个学生的高效教学计划。差异教学为学生达到《共同核心州立标准》中的特定标准提供了多种选择途径——它既能满足学生的现有水平，又能给予他们挑战，为他们达到成功提供合适的选择。

教师可以有策略并有效地在以下方面实施差异教学：

- 教学内容；
- 评估工具；
- 表现性学习任务；
- 教学策略。

差异化的教学内容

第一步是决定以《共同核心州立标准》中的哪些标准作为目标。要明晰其中最核心的问题，突出知识、技能和理解。由于学生的基础和兴趣不同，教学内容也是差异化的。教师也可运用《共同核心州立标准》提供的方法来审视和标准有关的学习进程，了解我们曾经为学生提供了什么，下一年级水平需要的技能是什么，并对最优教学内容和教学资源进行有策略的选择。具体可以通过以下途径来实现：

- 使用不同体裁或类型的内容；
- 将学习材料分层；
- 运用多种教学材料；
- 给学生提供选择；
- 有选择地放弃一些内容。

高质量的差异化内容是和学习密切相关的，是对学生而言有趣的并能吸引其注意力的，它有着明确的目标，且能帮助学生确立面向《共同核心州立标准》的学习目标。设计的学习任务不能使学生感到无聊或沮丧，必须是及时的且富有挑战的，并要能清楚地展示出学生与指定标准相关的能力。要让学生能方便接触到各种各样的材料和资源，以进行探索、发现，拓展知识面。最关键的是要选择学生有效学习的最好机会——既有意义、吸引人，还有挑战性，从而确保每个学生的学习质量。

差异化的形成性评估工具

很多教师已经在学生学习过程中或者学习结束时有效实施了差异化评估。但是，在学习前对学生的知识与兴趣进行评估也很重要。了解学生对即将学习的主题已经知道多少，对于设计高质量的学习体验是很有必要的。在学习过程中，可以把正式和非正式的形成性评估结合起来实施。此外，对收集的数据进行解释，结合获得的信息有策略地进行设计，以满足学生个体的需要也是很重要的。因为获得的这些重要信息决定了教什么内容、是否需要教师的干预，以及是否需要为每个学生提供有挑战性的学习机会。

形成性评估包括学习前、学习中和学习后的正式和非正式评估。教师要不断丰富评估学生理解与需要的新方法，并运用收集到的数据来设计差异教学，满足不同学生的需要。

差异化的表现性学习任务

学生需要通过不同方式展示他们已经掌握的知识，教师应该提供多种真实机会让学生进行展示。例如，学生可以通过创设道具、进行口头汇报或者参与学习中心[①]的活动来进行展示。

差异化的教学策略

如果教师能差异化地实施教学策略和活动，那么更多的学生会学到知识，同时发展必需的技能。针对不同学生的多元智能和学习偏好，教师可以对学习活动或任务进行标注，帮助学生选择什么时候做自己擅长的任务，什么时候做自己需要加强的任务。为学生提供选择的机会可以帮助他们以自己的方式进行学习或者展示学习成果。开展以研究为基础的最佳教学实践有助于确保更多的学生发展标准中所需的概念和技能。（Dean et al.，2012）同时，不同方式的练习能帮助学生巩固、记忆。

就像需要量体裁衣一样，不同的孩子需要不同的教学方法，课堂中的教学方法永远不唯一。

[①] 详见本书第 7 章的相关解释。——译者注

为什么需要差异化

在教育领域，我们面临着比以往都要多的变化。几十年前，教师是带着和孩子们在一起工作的渴望以及扎实的专业知识和美好的愿望，开始了自己的职业生涯。今天，教师面临的是无止境的挑战。许多因素使得课堂千变万化：

- 基于《共同核心州立标准》的课堂：来自州和地区以及国家的既定而明确的期待；
- 对所有学生的高期待：不能让一个孩子掉队，要将一个人的成功推而广之——"百花齐放，百鸟齐欢唱"；
- 文化的多样性：移民学生源源不断，他们十分欠缺用英语进行沟通的技能；
- 学生的多样性：每个学生都有独特的学习偏好，多元智能带来不同的优势；
- 有关人类学习的最新认知研究：有关大脑的知识，以及大脑是如何加工整理信息、产生意义的，大脑对社会交往的需要，大脑所能承受的压力和挑战的最适当水平；
- 社会和科技的飞速发展：政治和经济的变革影响着学习的内容和方式。

21 世纪的学生是数据专家。技术已经成为他们生活中不可分割的一部分，或者使部分学生因技术而引人瞩目、令人叹服。当今学生每天都会接触技术，所以学习方式各不相同。在《数字土著的教育》（*Teaching Digital Natives*）中，马克·普林斯基（Marc Prensky）解释说，当今的学生想借助当今的工具来获得生存的能力。（Prensky，2010）

表 1.1 呈现了课程应该包含的三种独特的类别和技能。

表 1.1　课程中的类别与相关技能

学习和创新（4C）技能	数字素养技能	职业与生活技能
● 批判性思考与问题解决（Critical thinking and problem solving） ● 创造与创新（Creativity and innovation） ● 交流（Communication） ● 协作（Collaboration）	● 信息素养 ● 媒体素养 ● 信息通信技术素养	● 灵活性与适应性 ● 主动与自我引导 ● 社会与跨文化交流 ● 生产能力和绩效能力

我们的教学不是为了现在，而是面向未来，教师所运用的《共同核心州立标准》也整合了 21 世纪需要的技能：

● 进行批评性思考并做出判断；

● 解决复杂的、跨学科的、开放性问题；

● 拥有创造力和企业家思维；

● 能够开展沟通与合作；

● 创造性地运用知识、信息和机会；

● 承担起经济责任、健康责任和公民责任。

人们期待学校能够为学生提供练习并提高这些技能的机会。然而，学校却需要掌握好平衡——既要符合《共同核心州立标准》，也要在课堂上照顾到千差万别的学生，因为在我们的课堂上，学生拥有不同的文化背景、经验、兴趣、学习偏好和多元智能是一种常态。

学生并不是每天以同样的方式学习同样的内容。作为教育者，我们需要考虑课堂上每个学生的需要、基础、偏好和兴趣。

我们生活和工作在一个高度问责的全球化社会。那种认为任何一名教育工作者都可能在主观上想要"让某个孩子掉队"的立法观念是对大多数教育工作者的侮辱，因为，绝大多数教育工作者都认为自己选择的职业是使命，而不仅仅是一份工作。

在过去的几十年里，教育工作者通过正态分布的钟形曲线来给学生排名。他们并不期望每个学生都取得成功，更常见的想法是"教，考，然后选出最优秀的学生"。然而今天，我们希望所有学生在学习时都能发挥出自己的潜能，教师要找到一种方法使得每个学生都取得成功。美国弗吉尼亚大学的罗伯特·卡纳迪（Robert Canady）博士认为，课堂上存在三种类型的学生：

- 不管有没有教师的影响，25% 到 37% 的学生能自己学习。这些学生为了成功，是有准备的，是愿意学习的，并积极参加学校活动。他们把教育看作达到目的的手段，不顾自己的偏好积极完成任务。他们常常获得重要他人的支持。
- 15% 到 25% 的学生是超常学生，并能获得额外的资源。
- 37% 到 50% 的学生能够学习是因为教师的教学技能与努力，以及恰当的教学指导与符合《共同核心州立标准》的评估。

尽管学生的类型不同，我们还是会给所有学生实现潜能的机会。在这本书里，我们对在差异化的课堂里让学生积极参与、引导他们学习的一些基本要素进行了探索，希望增加每个学生成功的机会。表 1.2 对这些要素进行了分类，列出了可用的方法和策略，以形成全纳性的、促进学生成长的课堂，并帮助教师设计出尊重学习者多样性的学习方案。

为开展差异教学做好计划

可以使用教学设计模板（见表 1.3）来帮助教师进行差异教学和评估方面的决策。我们会对模板的每一个部分进行详细说明，并在全书结合实例对其中的策略进行阐释。

1. **确定需要教什么**。首先，要从教学内容、检测标准、关键问题和教学目标等角度来考虑《共同核心州立标准》、既定的标准以及英语语言艺术标准。要讲清楚学生应该知道什么、能够做什么，以及学完后能达到什么程度。要确定用哪种形成性评估工具收集数据（如日志、清单、日记、日程安排、课堂观察表、学生成长记录袋和评估量规）。还要运用合适的终结性评估来评估学生是否达到《共同核心州立标准》中的要求。**关键问题**应当在整个单元的学习过程中被贴出来让学生看到，这样学生可以在学习时同时思考这些问题。

2. 明确学习内容。包括知识、理解和关键技能。

3. 激活学生思维。确定学生的已有知识和将要学习的内容。这需要评估储存在学生大脑长时记忆中的先前知识。形成性预评估会在单元学习之前的 1 至 3 周进行，这样教师可以有较多时间来计划学习活动、对学生进行分组，并点燃学生对新知识的学习热情与兴奋度。富有情感的"鱼钩"（导入）可以用来激发学生的参与度，吸引他们的注意力，因为大脑会对挑战、新奇事物和独特体验产生反应。

有效的预评估能帮助教师了解学生的已有知识，可以是正式的，也可以是非正式的。要选择最适合的评估工具和方法来了解学生的已有知识、背景经验以及对知识的态度和喜好，这非常重要。评估后还要对收集的数据进行诠释，进而据此设计教学，以给学生提供高质量的学习机会。

4. 习得。确定学生需要学习的新知识和技能，以及学生学习到何等程度才能达到理解水平。明确这种习得将会发生在全班还是小组学习中，明确这种学习收获是否是建立在学生的学习准备和兴趣基础上的。

现在，可以具体列出你的教学计划了！确定如何更好地把知识教给特定的学生。整理手头资源，找出最能满足学生需求的材料。集中关注有用的材料，记住，对一个班适合的材料可能不适合另一个班。同时，在学习过程中运用形成性评估，将其作为参照促进学生成功。这些评估能够检测学生的理解和技能水平，为下一步的教学提供数据。评估并不总是要为了给出等级，但它会指导教学。

5. 应用和调整。学生要理解和记住新知识，就要有练习和积极运用新知识的机会。当然，根据《共同核心州立标准》，需要为学生提供运用学术与特定领域词汇的机会，以及运用不同思维水平应对复杂问题的机会。确定如何给学生分组以及如何给学生安排适宜水平的挑战任务。大脑也需要多重复述来加强大脑皮层的树突联系，以使新学到的知识转化为长时记忆。这就决定了一些干预活动的必要性，以及哪些学生在学习新知识时要复习落下的基础知识，同样，已经掌握了这些知识的学生则需要完成具有挑战性的任务来进一步提高自身的水平。

6. 评估。要让学生有多种机会展示他们掌握的知识。可以考虑选择这样的形成性评估工具——它们能够为我们提供证据，表明学生已经掌握了哪些知识、还需要哪些干预措施，以及哪部分知识需要学生日后再巩固。要确立最有效的终结性评估方法，以及评分的标准。

表 1.2 设计适合不同学生的、具有全纳性的差异化课堂的工具与策略

创设课堂氛围	了解学生	评估学生	可调整的任务	教学策略	课程方法
安全的 促进成长的 鼓励承担风险的 多重感官的 使人奋进的 复杂的 充满挑战的 协作的 有助于团队和集体建设的 规范的 心智模式	学习档案 学习偏好 切入点（见邓恩夫妇等人的研究） 多元智能 运用观察清单、录音清单、日志、日记等了解学生是如何学习的/自身的文化背景/性别/身处的大众文化	**学习开始之前** 预评估 正式评估 前测 日记 非正式评估 各就各位/盒子法/事 **学习过程之中** 实涂鸦 形成性评估 正式评估 日志/成长记录袋评估/ 教师自编测试/清单/评 估量规 非正式评估 用搭指示意理解程度/用 用正指示意理解程度/用 面部表情表意理解程度 **学习结束之后** 正式评估 终结性评估 后测/成长记录袋评估/反思 会议记录 非正式评估 主题讨论/对话/谈话 圈/甜甜圈	**课程压缩** 针对有天赋的学生 **TAPS 原则** 全体 小演讲/汇报/演 示/拼图/观看视频/特题发 言人/撰写文本 个人 兴趣/个性化/多 元智能 两人一组 随机分组/按兴趣 分组/按任务分组 多人小组 异质分组/同质分 组/任务驱动/随机 结构分组/随机分 组/按兴趣分组	**教育神经科学与差异化** 认识大脑 记忆模式/精细复述/焦点 活动/图形组织器/对比和 比较/词汇网络/比喻学习 类思维/小组合作学习/专 家拼图/提问/立方体/角色 扮演/技术	学习中心（站） 项目学习 选择板 基于问题的学习 探究模式 学习契约

表 1.3　差异教学六步设计模板

1. **标准**（学生应该了解什么？会做什么？）：	数据收集评估工具：日志、清单、日记、日程安排、课堂观察表、学生成长记录袋，评估量规、学习契约
关键问题：	
2. **学习内容**（概念、词汇、事实）：	**技能：**
3. **激活学生思维**（重点活动是预评估）： 预评估 先前知识 使学习者参与其中	● 小测验、考试 ● 调查 ● "已知—想知—新知"策略 ● 日记 ● 用手臂示意理解程度 ● 头脑风暴 ● 概念形成 ● 用拇指示意理解程度
4. **习得**（全体或小组学习）：	● 小演讲 ● 汇报 ● 演示 ● 拼图 ● 观看视频 ● 实地考察 ● 特邀发言人 ● 撰写文本
5. **分组决定**（TAPS 原则、随机分组、异质分组、同质分组、按兴趣分组、按任务分组、按结构分组）： **应用形成性评估** **调整**	● 学习中心 ● 项目学习 ● 学习契约 ● 压缩 / 丰富 ● 以问题为基础 ● 探究 ● 研究 ● 自主学习

6.（终结性）评估 尊重差异（学习风格、多元智能、个人兴趣等）	● 小测验、考试 ● 表演 ● 作品 ● 汇报 ● 演示 ● 日记、日志 ● 清单 ● 学生成长记录袋 ● 评估量规 ● 元认知

所有这些决定都是建立在尊重学生的学习偏好、多元智能和个人兴趣的基础上的。这样的教学设计重视学生的知识基础和经验差异，并推动学生进步以满足《共同核心州立标准》的各项要求。

记住，"不一样的孩子，不一样的方法"，实施差异教学很有必要。让我们开始探索差异教学的具体细节，为我们的学生提供不同的成功机会吧！

章后反思

1. 在兴趣小组中讨论或者独立思考，用头脑风暴法想出满足学生个体需求的方法。完成清单后，可以给它取名"差异教学方法"并贴出来。

2. 差异教学就像_____（选择一个名词），因为_____（尽可能多地列举出两者的相似之处）。举例说明，分享并张贴出来。

3. 四人一组，从差异教学的四个方面——内容、形成性评估、表现性学习任务和教学策略——进行拼图。小组内的每个成员阅读书中自己负责的那个部分，做笔记，并且补充自己关于这方面的不同做法。然后每一个参与者分享收集的信息，其他组则做好笔记。

4. 把表 1.2 作为你进行差异教学的个人量规。在你正在用的选项旁画一颗星，在你用过但是不常用的选项旁画"√"，在你没有用过的选项旁画"×"。

2 创造适合学习的氛围

　　每个教室的学生都具有不同的特点，面孔多样，样貌不一。但是在多样性的背后，有一些基本的元素是所有学生都需要的，它们能够确保学生有积极的学习体验并走向成功。

学生需要什么来实现成功

　　对于希望获得成功的学生，他们必须相信自己能学好，并且相信学习的内容是有用的、和自己相关的，是有意义的。他们必须清楚，要对自己的课堂学习和行为负责。这不仅有助于学生成为自主学习者，对自己的学习满怀信心，还有助于学生逐步形成自我效能，对自己的学习能力感到自信。在《处于可能性边缘中的教育》（*Education on the Edge of Possibility*）一书中，凯恩夫妇（Geoffrey Caine & Renate Caine）说道：

　　教师对人的潜力和学生学习能力的信任是至关重要的。教师的心智模式对学习氛围和学生的心理状态是有深刻影响的。教师必须要明白，在学习过程中，学生的情绪和态度都会参与到学习中，并且会对学生的学习有深刻影响。（Caine et al.，1997，p.124）

　　高效能教师相信，所有学生都会学习，都能成功。这些教师在课堂上会有意识地创立一种氛围，让学生感到被接纳。他们还相信，每个学生都是有潜能的，并且致力于找到开发每个学生潜能的钥匙。

教师的心智模式

　　卡罗尔·德韦克是美国斯坦福大学的心理学教授和研究者，她在著作《看见成长的自己》中讨论了动机和智力。她说，不同的人对智力和能力有不同的看法。德韦克认为，人们对智力、努力和成功的看法不同，处于固定型心智模式和成长型心智模式之间的位置也不同。如果你相信成功和能力来自努力，不管遇到挑战还是失望都会坚持努力，那你就是拥有成长型心智模式。拥有成长型心智模式的人相信有很多机会成功。相反，拥有固定型心智模式的人认为智力水平是天生的、有限的，失败对他们而言就是强化了智力有限的观念，他们不会再去努力继续当前的任务。高效能教师拥有积极的心智模式去引导课堂行为和与学生的互动。（Brooks et al.，2008）

　　教师的心智模式会影响学生的心智模式。作为教师，我们的言行应该传递出更多的可能性，影响学生对自身能力的看法，帮助养成乐观和坚韧的品质。学生的成功和努力都应该得到反馈，给他们信息，告诉他们持续努力是可以做得更好的。表2.1中的表述可以用来对学生的成功与努力做出反馈。这种表述既确认了学生的成功，也鼓励着他们继续坚持。

表 2.1　教学中的激励性反馈

对成功的反馈	用于鼓励的反馈
很努力	你快做到了
做得好	继续练习
你做到了	继续尝试
你的付出有了回报	你会成功的
我就知道你可以做到	再来一次，你会成功的
你达成目标了	我知道你能做到
难道你不该为自己感到骄傲吗？	你会做到的
你全做对了	不要在这个时候放弃
干得好	你的方向是对的
我从没怀疑过你的能力	继续下去
	试试，试试，再试试

课堂文化和学习共同体

　　文化常常是指"我们做事的方式"。生活和工作在同一种文化中的人虽然不能用语言解释或者描述文化，但是能实实在在地感觉到文化的影响。文化可能不一定只通过语言传递，它也有可能通过行动表达。有时候，"此时无声胜有声"。用德波特（Bobbi DePorter）等人的著作《量子教学》（*Quantum Teaching*）中的话来说，就是"越是凡事都说，越不会有所改变"（DePorter et al., 1998）。他们提醒教师，教师做什么、说什么、暗示什么都会影响到学生以及学生对成功的看法。依据格雷戈里和帕里的观点：

> 就大脑而言，百说不如一做。课堂发生的一切通常受到大脑三个部分的监控，其中有两个部分的监控并不是通过口头语言，而是通过观察肢体语言和语音语调发挥作用。每一个手势、每一个音调变化以及每一次对个人空间的侵犯都由大脑边缘系统监控并就潜在威胁做出评估。这些技能使我们的祖先能够生存下来，并且在我们当中仍然使用着。（Gregory et al., 2006, p.13）

因为大脑是一个平行加工器，所以它能同时吸收意识水平和非意识水平的信息。在同一时间，大脑连续执行很多功能（Ornstein et al., 1984），因此它能够同时加工人的思想、情感和知觉。

作为一个平行加工器，大脑也能通过集中注意力和外围感知力促进学习。奥基弗（John O'Keefe）等人提出，大脑会对学习发生的整个感知情境做出反应。（O'Keefe et al., 1978）外围刺激包括教室里的每一样东西，从颜色或单调或彩色的墙面到微妙的线索，例如一个表情或手势，它们传达意义并被大脑解释。所有的声音和视觉信号都充满了复杂的信息。一个冷嘲热讽的评论对一个敏感的学习者来说影响很大，而且一个手势能比口头语言传递更多的信息。

罗伯特·马扎诺（Robert Marzano）在和"中部大陆教育和学习研究"小组以及"学习维度"课题组的工作中，对学习氛围进行了相关研究。杰伊·麦克泰格（Jay McTighe）和马里兰州教育部也进行了类似的研究工作：

> 有益于思维发展的课堂氛围的建立和教师的行为密切相关……学生在严厉和具有威胁的情况下，或者在具有潜在威胁的环境中不可能很好地思考，在这种环境中，小组压力使独立思考变得不可能。教师可以通过行动表明他们欢迎原创和不同的观点，使课堂成为更有利于思考的地方。（McTighe, 1990）

著名的研究者黛博拉·罗兹曼（Deborah Rozman）评论说："心脏发送到大脑的神经信息既能促进也可能会阻碍大脑皮层产生功效，从而影响人的感知力、情感反应、学习和做决定。"（Rozman，1998）由于心脏活动所产生的电磁场的作用，一个人的心跳在三到四英尺之内是可以被他人感知并被记录到他人的脑波中的。一些直观的或本能的感觉也会被全身的神经元细胞接收。人们经常说："只有别人觉得你在乎他们时，他们才会在意你的想法。"老话不假，事实正是如此。

在威廉·格拉瑟（William Glasser）的动机选择理论中，他引用了人的五种同等重要的需求：

- 生存和繁殖的需要；
- 归属和爱的需要；
- 拥有一些权利的需要；
- 自由的需要；
- 享乐的需要。（Glasser，1990，1998）

这在亚伯拉罕·马斯洛（Abraham Maslow）有名的需要层次理论中也有体现，该理论从最基础的需要开始，包括以下方面：

- 生理需要：食物、水、空气，住所；
- 安全需要：安全，远离恐惧的自由，秩序；
- 归属和爱的需要：友情、爱情和对子女的爱；
- 尊重的需要：自尊、成就和荣誉；
- 自我实现的需要：努力实现自己的潜能，成为自己期望的人。（Maslow，1968）

通常来说，人的需要是由基本需要上升到更高层级的需要。当一种需要得到满足时，它就不再是很强的刺激因素，人们就会转而关注更高一级的需要。

当我们审视学习中的各种动力因素时，我们需要记住，必须首先满足学生的基本需要。我们认识到，所有人都有被爱和被接纳的强烈需求。我们在教室的每一个角落都必须营造一种包容性的氛围。学生和学生之间、学生和教师之间互联互通，从而形成一个积极的学习共同体，这是很重要的。1998 年，美国斯坦福大学的生物科学和神经科学专家罗伯特·萨波尔斯基（Robert Sapolsky）博士说，通过建立相互支持的氛围，我们可以将压力造成的影响降到最低。

让一只幼小的灵长类动物经历某种不愉快，它会有应激反应。让它经受同样的不愉快压力，但是和很多其他灵长类动物待在一个房间里，那么情况就会有所不同了。如果那些灵长类动物对它来说很陌生，应激反应就会变得更强。但如果它们是朋友，应激反应就会被消减。社交支持网络对我们来说是有益的，因为在你哭泣时有一个肩膀可以依靠，有可以紧握的双手，有耳朵愿意倾听，有人安慰你并告诉你：一切都会好起来的。（Sapolsky，1998，p.215）

人与人之间是互相需要的。大脑天生是有归属感的。"从生物学角度来说，人们若在日常生活中被剥夺了'人性时刻'（human moment），就会失去大脑细胞，相应的，当提供了充足的'人性时刻'，人就会长出脑细胞。"（Hallowell，2011，p.9）

没有爱和相互之间的联系，我们会遭遇"肢体系统的萎缩"（Gregory，2012）。

一些教师和学生合作，共同提出"课堂协议"（Gibbs，1995）、"信任声明"（Harmin，1994），或者"共同遵守的规则"，这些规则能让学生感觉到他们在课堂是有发言权的，也能帮助学生提高情商，成为负责任的学习者。学生以小组为单位提出一些课堂上要遵守的规则，比如，"每个人的想法都受到尊重"。当小组分享完这些规则后，班级要对其进行整合、筛选，或者增补，直到达成一致，学生感到舒服并能支持这些共同遵守的规则。这些规则可能包括如下内容：

- 这里没有错误的观点；
- 这里不允许有奚落和嘲讽；
- 每一个人的声音都应当被听到；
- 错误是学习的起点。

这些规则要张贴出来让所有学生都看到并认真思考，只有这样他们才会监督并执行自己创立的规则。

我们也意识到学习共同体促进了心脏和大脑之间的联系。玛丽·德里斯科尔（Mary Driscoll）要求我们思考如下内容：

> 共同体是一个整体，在这里，个人创造意义。它的特点远不止空间共享，更是意义共享。从这个观点来看，共同体并不仅仅是一个人们在同一个地方生存（或工作或学习）的人工产物，而是生活传统的丰富来源。（Driscoll，1994，p.3）

在今天的课堂里，来自许多不同文化和背景的学生组成课堂共同体。为了能够理解并接触学生，教师需要尽可能多地学习他们所代表的文化。一些学生不会讲本地语言，所以，要靠教师和其他同学来帮助这些学生进行交流并且尽快地学好语言。以教师为榜样，学生可以学习课堂共同体中的习俗及其对学习的期待。每一位学习者都必须知道，他们是课堂里重要的贡献者。

情感和学习

生活在恐惧中的学生是学不好的。如果学生总在担忧安全问题，他们不可能真正投入学习。压力越大，人进行更高水平的思维活动的机会就越少，越有可能做"逃兵"或者与人争吵，这是人的基本生存反应。所以在课堂上，我们应该通过各种适合学生技能水平的方法挑战他们，但又不能对其施加太大压力。一些学生可能在生活中压力太大，不能全身心投入学习，因为他们总是处于高度警觉的状态。（Gregory et al.，2006）

课堂安全意味着智力安全和身体安全。当有压力时，大脑情绪中心控制认知功能，导致大脑的理性思维部分失效，这将阻碍学习的进行。如果学生整天受人嘲笑、被人欺负，他们就不能集中注意力学习。如果他们不能想象或察觉到成功，他们也不会有动力去尝试挑战。

在课堂上，如果教师不调整教学使其适应学生已有的知识水平，而只是面向中等学生开展教学，一些学生可能会因为缺乏挑战而感觉无聊，另一些学生可能因为挑战太大而承受过度的压力。因此，教师需要对照学习目标，思考学生处于什么水平，并为其规划恰好超越自身技能水平的学习经历。

当所有学生着手处理学习任务时感觉自己有机会成功，他们更可能会专心学习，接受挑战并获得自信。因此，一旦教师考虑了学生已有的知识水平，就会经常把他们进行分组并设计适应其知识水平的学习过程。

教师需要考虑学习任务的复杂度，以使这些任务既具有挑战性又不至于无法完成。这就需要引导学生进入一种"流畅的状态"（the state of flow），即学习者全身心投入、对学习感到兴奋、接受挑战并收到恰当的反馈。在这种状态下他们对其他事并不关注，学生处于最佳的输出和创新的状态。

当人们对需求比平时更大时，他们似乎能最好地集中精力，输出和创造比平时更多的东西。如果需要处理的事情太少，人会感到厌烦；相反，如果太多，人也会变得焦虑。"流畅的状态"发生在厌倦和焦虑之间的微妙处。（Csikszentmihalyi，1990，p.4）

雷纳特·凯恩（Renate Caine）是基于脑科学的教育研究领域的著名开拓者，她提出，关于大脑或思维的学与教，有三个基本因素：

- 情绪气氛和关系或者放松性警觉（relaxed alertness）；
- 在复杂的体验中予以指导或全身心投入其中；
- 学习的巩固或主动加工。

情绪气氛和关系对产生所谓的"放松性警觉"（Kohn，1993）是很重要的。

用于规划学习环境的所有方法影响着放松性警觉的状态。对教育者来说，了解奖励和惩罚对学生思维状态的影响尤为重要。研究表明，奖励和惩罚在行为模式中的大部分作用是抑制创新，干预内在动力，并降低有意义学习的可能性。（Caine et al.，1997，p.123）

奖励和惩罚往往降低了自我激励的机会，抑制了把学习本身当成一种奖赏的态度。这里介绍五种运用奖励的实用方法：

- 消除威胁；
- 创造浓厚的积极氛围；
- 增加反馈；
- 设定目标；
- 激发并投入积极的情感因素。（Jensen，1998b，p.68）

学生感觉良好，能获得成功，拥有朋友并能庆祝他们的学习收获，这几点虽说不是必需的，但也是很重要的：

情绪影响学生的行为，因为它们创造了独特的身心状态。一种状态包含一种特定的姿势、呼吸频率以及身体内的化学平衡。存在或缺失大脑神经递质如去甲肾上腺素、后叶加压素、睾丸素、5-羟色胺、黄体酮和多巴胺，以及其他的化学物质会极大地改变大脑和身体结构。对我们来说，身心状态有多重要呢？它们是我们所拥有的全部；它们是我们的感受、渴望、记忆以及动机。（Jensen，1998b，p.75）

情绪环境与教师的教学相互作用并影响知识巩固的方式。如果出现过度压力，学生表现出的高压力或威胁反应、自动反应就会破坏大脑中建立的联系，学习就不会发生。在这种环境下，我们如果还可以记忆一些孤立的事实和程序化的技能就已经是很幸运的了，不过，要想产生更高水平的思考却几乎是不可能的。

当一个学生因为任务太难或者因教师对任务的介绍太模糊而不能理解任务，进而觉得成功是不可能的时，他就会感到无所适从，从而产生消极的学习态度，最终选择放弃。教师要创造积极的刺激、"流畅的状态"和积极的学习环境。对学生来说，有选择机会并互相尊重的课堂才是具有支持性的学习环境。因此，教师应该致力于规范学生的课堂日常行为模式，并对学生有明确的学习期待，这些都能降低学生对预期的和未知的事物感到不安时所产生的焦虑。

情商

情商是一个人明智地使用自身情感的能力。它包括在理智和情感之间保持平衡。丹尼尔·戈尔曼（Daniel Goleman）将情商系统化，认为情商是存在于五个领域的一系列情绪能力，包括：自我意识、情绪管理、自我动机、移情和社交技能。（Goleman，1995）情商，尤其是对社交技能的获得，是 21 世纪的一项关键技能。

自我意识

自我意识是一个人在某种感受发生时感知、命名并把它描述出来的能力。具有自我意识的人能在经历挫折时使用合适的策略，通过与他人分享倾诉或向他人寻求帮助来处理情绪。教师应该鼓励学生清楚地表达情绪并积极寻求帮助和给予相互支持。自我意识也包括与情绪保持联系，不被情绪吞噬，使用策略处理情绪问题。在《情绪的成分》（*Molecules of Emotion*）一书中，坎达丝·珀特（Candace Pert）建议读者，"感到低落和疲劳吗？散散步吧！感到焦虑和紧张不安吗？奔跑吧！"（Pert，1998，p.293）一旦我们认清了情绪的本质，我们都需要寻找改变和管理情绪的方法。

情绪管理

情绪管理是认识和标注自己感受的一个结果。它是一种在焦虑的时刻保持镇定和安抚自己的能力，或者管理和应对愤怒的能力。利用教育时机（当出现一种不合适的情绪反应时），教师可以帮助学生学习掌握解决问题的能力，并用这种能力思考出处理这种情绪的合理方式。如果学生在冲突爆发前就已经掌握了大量不同的处理冲突的策略，那么解决冲突会变得更简单。

自我动机

自我动机包括坚持、设定自我目标和延时满足等能力。当困难发生时，许多学生很容易放弃。即使在面对挫折时，学生也需要感到有希望。"流畅的状态"是自我动机中不可或缺的一个成分。如果学生和教师能创造高挑战和低威胁的学习状态，学生可以学到更多。

移情

移情是指能够感受他人之所感的能力，即同理心。教师可以要求学生"站在他人的角度想问题"。"他人"可能是一位需要他人理解的同学，或者是小说或历史中的某个人物，学生可以通过移情与这个人在情感上产生共鸣，去感受其可能存在的感受。能理解他人的观点或视角经常被许多领域认定为移情的一个标准。感受他人之所感能建立忍耐和理解。

社交技能

社交技能是一个人理解他人和管理情绪互动的能力。拥有高水平社交技能的人可以处理好人际关系，并且能够适应各种各样的社交场合，据说，这类人具有"社交润滑剂"。在课堂上，教师可以示范并展示这些社交技能，表明情商在人际交往中的重要性。

表 2.2 列举了情商的五个领域，并给出了每个领域的情商培养目标和课堂应用策略。

表 2.2　情商

情商	培养目标	应用策略
自我意识：当有情绪发生时，感受和说出情绪的能力	帮助学生讨论在不同情境下的情绪感受	反思日志和日记
情绪管理：认识和标注自己的感受，并做出合理反应	运用教育时机帮助学生管理情绪	深呼吸 数到 10 暂停 体能运动
自我动机：坚持、设定目标和延时满足的能力	帮助学生找到合适的定位，帮助学生在遇到困难与挑战时坚持到底	设定目标 坚持策略 解决问题
移情：感受他人之所感的能力	鼓励学生"站在他人的角度想问题"，感受他人的痛苦	示范移情 讨论移情的作用 对研究对象做出反应

续表

情商	培养目标	应用策略
社交技能：理解他人和管理情绪互动的能力	明确教授社交技能，帮助学生在完成小组任务时运用社交技能	示范社交技能 运用明确的语言描绘行动 让学生练习这些技能

自我管理

自我管理被定义为自己管理自己（Baumeister et al., 2006），是使自己的大脑、情绪和心理状态适应正在处理的任务的能力。拥有自我管理能力能使学生控制自己的行为，与他人和睦相处，并安静专心地学习。加拿大约克大学的著名研究员斯图尔特·尚克（Stuart Shanker）指出，尽管在 20 世纪通过智商能预测一个人的成功，但在 21 世纪，自我管理对成功更加具有预测性。（Shanker et al., 2012）基因和性格影响儿童如何更好地进行自我管理。没有自我管理，他们将很难应对当前的任务，并且因为太多的精力被浪费在应对中，只能留下很少的精力来集中注意力、控制冲动、记忆和学习。

学生自己负责监督和控制自身的学习。学生对信息进行认知加工，建构或输出新的信息或信息产品。教师示范信息加工和解决问题的技巧，然后学生才会搭建自己的策略工具箱。每个人都必须选择自己获取信息的方法，并把它存放在长时记忆库里。教师需要给学生时间去沉思并想出他们自己获取信息的方法。而让教师提供选择则是另一种让学生自主管理学习的方法。重要的是，要让学生展现出他们已经掌握的知识，由此再决定接下来的学习步骤。

不同的情况需要学生采取不同的适合自己的行为。例如，学生在学校应该如何表现。给学生教授、解释这些行为，往往需要建立起准则和规定。要让学生自己决定是否遵守规则，自己控制该如何表现。

学习动机是一种内在的欲望。教师主要负责设计令人兴奋的、难忘的、能俘获并激发学生学习和参与欲望的学习经历。自我管理的学习技能不会自动养成，然而，一旦学生养成了这些技能，他们就会在自己一生的学习中受益。当学生在自我管理方面有困难时，他们可能需要去一个安静的地方学习，或者他们可能需要一些体能运动来降低压力和焦虑，然后重新专注于学习任务。因此，教师和父母花时间帮助学生培养他们的自我管理能力并鼓励他们将其应用到生活的方方面面是值得的。

课堂氛围

学习氛围

在差异化课堂上，学生在感到足够安全和有把握的情况下会去冒险尝试和表达他们的理解或疑惑。很多时候，被认为有天赋的学生会认为是教师期望他们掌握所有的知识。为了满足他人的期待，这些学生经常假装知道所有的答案，这会造成压力并阻碍学习，因为一个失望的表情或评论能使那些学生无法说出自己的疑惑。这些学生就像其他所有学生一样，在他们不知道全部答案的时候，也想在课堂上获得安全感。

被认为处境危险或成绩差的学生经常会表现得超出人们的预期。当学生做到时，常常有教师给予他们一个惊讶的表情说明没有预料到他们会做到，这会抑制学生的潜力。相反，当学生做到时，教师要让这个学生告诉同学们问题是如何解决的，并展示其解决问题的过程。这有助于提高同伴辅导的积极性，并且，每次学生解释他们的想法时，知识就再次被巩固，而且知识在大脑中的相互联系也将得到加强。必要的表扬是对学生取得成就的尊重。

在差异化课堂上，教师关注的重点是基础知识和学习体验而不是智商和能力。每个学生都应得到尊重。学生知道学习是一个过程并且每个人的学习方法不同。学习过程包括采用有效的前测来排除学生已经知道的知识，并通过持续的形成性评价决定学生下一步的学习内容。教师应该通过帮助学生理解熟能生巧来培养学生的成长型心智模式——我们当中一些人需要更多的练习去理解知识和培养技能。如果能坚持不懈，我们都能变得更好。这一策略有助于形成一个不同的心智模式，它使学生能够承认错误，接受缺乏理解的现实，并且庆祝成功和个人基础知识的丰富。教师给学生的口头或书面上的反馈也应该强调学生努力和持之以恒的精神，而不仅仅是表扬或批评。"做得好！你确实努力地完成了任务。我喜欢你不断探索直到找到所需信息的方法！"每一个成功进步的时刻都为人生创造了一次积极的改变。

物理环境和情绪环境

课堂气氛受教室的物理特征影响。诸如合适的灯光、干净、整洁以及学生作品的恰当展示都有助于创造积极的氛围。丰富合适的资源对促进学生成功是必要的。考虑到动手实践，可以为学生准备计算机和各种操作材料。此外，还应该提供有助于学生社会交往和智力成长的各种机会。

丰富的环境不仅包括多样的材料，也包括复杂、多样的学习任务、挑战和反馈。有吸引力的材料和活动有助于促进学生大脑中树突细胞的成长，即经历和刺激可以促进神经连接。

可以明确的是：尽管大脑拥有相对稳定的宏观组织结构，但不断变化的大脑皮层和未知潜能的复杂微体系结构会受到一个人出生前、青年期，甚至一生经历的影响。我们必须知道，大脑受到的大量刺激对于行为是有影响的。家长、教育工作者、教育政策的制定者和其他人都能从这些信息中受益。（Diamond，2001）

运用艺术

促进课堂氛围的另一个方法可能是引入艺术教室的不同体裁的元素和媒介，它们能帮助学生理解难懂的材料。据说，一幅画可以胜过千言万语。实际上，大脑对图形的加工比词语快 6 万多倍。这是真的，因为对学生来说，一幅画能够使未知信息变得直观生动起来。当遇到课本上或教师提及的一个生疏的名词时，学生可以求助计算机网络，找到富含信息的相关图画，以获得对这个词的更好理解。图画使学生看到他们正在读和听的任何内容。学生也可以画出草图或图画，为不熟悉的词语创造意义。对学生来说，图形创造后是属于自己的，具有特定的意义。折叠手册和图形组织器是有用的教学策略，可以用于帮助学生整理他们的观点和记录所需信息。

课堂氛围也可以通过音乐来加强。英国思克莱德大学的研究者发现，当学生听到令其振奋的流行音乐时，智力水平会显著上升。因此，他们建议在教室里播放最新的流行音乐，以提高学生的成绩。布赖恩·博伊德（Brian Boyd）和卡特里娜·鲍斯（Katrina Bowes）开展了有关音乐影响力的研究，研究发现，听音乐的患者康复得更快。和"只有古典音乐能使学习者平静"的观念相反，他们发现，和古典音乐（每分钟约 60 拍）有着相同节拍的现代音乐可产生同样的效果，都能使大脑更容易接受知识。实际上，这种音乐能帮助大脑记住信息。

尝试过流行音乐的许多教师说，流行音乐可以使学生注意力更集中。流行音乐能激发自主神经系统，使人感觉良好以及伴着音乐用脚打拍子。流行音乐可以使眼睛的瞳孔扩大，并使大脑内啡肽的水平和能量上升。教师经常说，如果学生享受整个学习过程，他们将会在课堂上学得更多，而音乐能为学习做好这样的准备。学生会把已知的某些惯例和一段音乐联系起来，并以此为接下来的学习做好准备。音乐可以充满乐趣并和具体的课程联系起来，例如，当学生正在估算午餐盒大小的盒子里有多少粒葡萄干时，为他们播放马文·盖伊（Marvin Gaye）的《道听途说》（*I heard It Through the Grapevine*①）。或者，音乐可以唤起学生的情感并营造一种情绪，正如，在开始讨论第一次世界大战或战争时，可以听《当约翰尼再次回家来》（*When Johnny Comes Marching Home Again*），而在学习越南战争时，则可以听布鲁斯·斯普林斯廷（Bruce Springsteen）的《战争》（*War*）。

音乐给人能量，并且，当学生的能量水平下降时，它会掩盖"死气沉沉的气氛"。莫扎特的音乐或巴洛克式的音乐也能抚慰人心或使人平静。（Campell，1998）

如今，学生走路时都戴着耳机，在完成困难任务的过程中听着音乐。一些人听音乐时，学习和工作效率更高。而对其他人来说，边听音乐边完成任务则会扰乱注意力。如果允许学生在课堂上演奏个人音乐，请制定一些规则。可参考如下指导规则：

- 允许偶尔使用耳机，由教师决定使用时间；
- 给学生听或不听音乐的选择权；
- 音乐的选择或来源要经过教师的许可。

我们可以用播放音乐的方式引出学习或者结束学习，或用音乐来设定一种气氛或基调，又或在教学环节的过渡阶段设置一支欢快的曲子。当你以跨学科的形

---

① grapevine 有两层含义：一为"小道消息"；一为"葡萄藤"。——译者注

式把音乐整合进课堂中时，请享受艺术本身。

欢笑和庆祝学习

欢笑是另一种可应用于课堂的工具。它通过释放被称作"内啡肽"的神经化学递质来巩固学习，人们也常说，欢笑时两人之间的距离最短。欢笑甚至可以帮助人的免疫系统增加血液中的 T 细胞的数量。由于 T 细胞有着对抗损伤和感染的作用，有些研究者还把它们称为"快乐细胞"（Cardoso，2000）。因此，把幽默、欢笑以及庆祝学习引入课堂是有道理的。教师可以鼓励学生为他人鼓掌，为彼此的成功喝彩。学生在课堂上可以使用的激发能量的喝彩方式包括阵阵掌声、击掌以及其他自创的喝彩方式。（Burke，1993；DePorter，et al.，1998）这些喝彩也包括肢体运动，以补充听觉上的回应。肌肉运动通过向大脑输送更多的氧气和葡萄糖，帮助学生产生能量，并且经常带来乐趣和欢笑，以提升内啡肽的水平。

对各个年龄段的学生来说，庆祝学习都是很重要的。庆祝成功的一种简单方法是组织一次充满能量的欢呼。当一个学生或一个小组有了"灵光闪现的时刻"或者展示已经学到的知识时，请为他们欢呼。除了情感上的支持之外，这些欢呼也为大脑提供了身体上的支持。身体上的行动有利于向大脑输送氧气和葡萄糖。

下面是一些给予能量和庆祝成功的欢呼和行动的例子。试着用你的身体动作，来加强喝彩吧！

- 握拳并把手举到空中。放下手并高喊："Yes!"
- 三个"Yes"。重复三次"Yes"，并做上面的举手动作。
- 用双手在头顶比画成一个圈并说"哦"，然后把握成球形的拳头从头顶放下来，大声高喊："Yes!"
- 像倒番茄酱似的鼓掌。用一只手握拳，另一只手击打拳头的顶部。就像把番茄酱从瓶子里倒出来一样。
- 像鱼拍打尾部似的鼓掌。张开一只手，用另一只手来来回回拍打张开的手掌。
- 有节奏地轻拍桌子并鼓掌。有节奏地轻拍桌子并说"桌子上的说唱"，然后鼓掌并说"鼓掌"。
- 欢乐蚌型鼓掌。做一个笑脸，手捂在嘴巴上并说"快乐"。然后用四个手指击打拇指，就像一只蚌打开又合上，并说"蚌型鼓掌"。

- "哇哦！"高喊"哇哦"，与此同时，把手交叉在身前并高举到空中。
- "太棒了！"把手举过头并弯腰，与此同时说"太棒了"。
- "哇（Wow）"。用每只手上的三根手指呈现 W 状，双手放到嘴巴两边。张开嘴形成 O 状并说"哇"（Wow）。
- 微微动。微微摇动你的小手指。
- 站立着说"哦（Oh）"。站起来，用手臂绕着头部围成一个圈，并说"哦"。
- "你做到了！"伴着节拍有节奏地重复说三次。
- 击掌。举起手臂并击掌。
- "太棒了（Excellent）"吉他。假装弹吉他，与此同时说"太棒了"。
- 一阵阵掌声。一轮轮地鼓掌。
- 你很棒而且会变得更棒！不做动作，喊出你的欢呼。

课堂上的每个学生都是与众不同的，每个人都需要感到安全和舒适。在教室里，环境和氛围在学习过程中起着重要的作用。要创造一种没有危险的支持性环境，在这种环境中，学生能感到安全并茁壮成长，这就需要教师认真考虑如何实施。在差异化课堂里建立一个互相关心、互相支持的学习共同体是很重要的。在完成不同的学习任务过程中，互相了解并互相尊重的学生更能容忍彼此之间的差异，更不会感到不安。虽然"同一种尺寸不能满足所有人的需要"，但是学生需要拥有所有这些条件才能获得成功。

章后反思

请花点时间来检验自己对本章中一些概念的学习情况，这对教师专业学习共同体很有帮助。它能促进有关课堂氛围的讨论与反思，理解这些概念对学习的重要性。

1. 你如何描绘你的课堂氛围？它看上去如何？听起来如何？学生感觉如何？

2. 为了改善课堂氛围，你为小组和个人设定了什么目标？

3. 这一年中你是如何鼓励学习小组建设的？

4. 你能做些什么去创设一种鼓励学生在学习过程中应对挑战的课堂氛围？

5. 如何保证课堂上学生智力活动的安全，即不会有嘲讽、贬低和其他负面的评价?

6.学生思考和回答问题时，你会给多少等待的时间？

7.你会采取什么措施创设包容的氛围，让学生感觉到他们是安全的和能融入集体的？

8.如何培养学生的放松性警觉？

9.如何让学生产生"流畅的状态"？

3 了解每一名学生

我们在许多学校观察了不同课堂里的各类学生。他们看上去在体型、个头大小上都各不相同，事实上他们彼此的差异也是巨大的。仅就衣服而言，他们各自的尺寸就不相同，每个人对衣服款式、颜色和适合在什么场合穿着也有不同的偏好。

我们能为不认识的孩子买衣服吗？如果能，我们则需要了解他们的个体需求，如他们喜欢什么，不喜欢什么，喜欢什么颜色和款式，当然，还有衣服的尺寸。我们永远不会只是想着要买东西，而是希望它能适合对方，同时对方也很喜欢它。同样，在课堂上，我们需要了解学生，从而确保我们的课程适合他们。

为了吸引学生，很多教师在暑假撰写并设计基于学习标准的课程。但是一应用于课堂上的学生，就发现这些课程不适合学生的需要、兴趣、爱好和阅读水平，不能吸引住学生（也许有人会说，是这些学生不适合这些课程）。对教师而言，正视课堂的真实情况尤为重要，要意识到每个学生都是独特的，能够吸引某个学生的东西可能对另外的学生来说没有丝毫的吸引力。出现这种情况的部分原因是，学生拥有如认知专家罗伯特·斯尔韦斯特（Robert Sylwester）所说的"设计师的大脑"（Sylwester，1995）。也就是说，学生的大脑如同指纹和脸，都是独一无二的。过去这些年，很多专家和教育者分享了有关学生学习方式的观点，也了解到一个事实：我们每个人学习的方式、处理信息的方式都是不同的，每个人对在哪儿学习、什么时候学习以及如何学习也都有不同的偏好。

学习档案

学习档案是一种识别和分享每个学生学习方式的数据汇编。它包括（但不限于）学生是如何观察世界、获取知识和处理信息的，以及他们是如何学习、思考和记忆的。

尽管只有零星的神经科学方面的研究认为不同的个体在完成相似的任务时会运用不同的神经通路进行学习，但认知心理学家仍然坚持认为，不同的学生拥有控制他们学习的不同风格。约翰·吉克（John Geake）认为，一方面，大部分人的大脑都遵循普通的发展轨迹；另一方面，每一个人在学习某种特定知识时都有

各自独特的癖好，都有擅长的和不擅长的方法。（Geake，2009）

切入点

在运动领域，"最佳击球位置"（sweet spot）是指打板球、网球和棒球的最有效接触位置。在使出同等力量的情况下，综合各种因素，运动员在此击球能产生最大的反应效果。同样，对教师来说，找到有助于学生和新知以最有效的方式产生最紧密联系的切入点是非常重要的，这能实现学习的"本垒打"[①]。格雷戈里等人（Gregory et al.，2012）建议，要想找到学生学习的切入点，我们需要考虑有哪些因素能引起学生的注意并激发他们的兴趣，这样的因素应当建立在学生以往成功的基础上，且能为学生提供愉悦和安全的学习体验。图 3.1 为我们展示了一些因素如何相互作用以构成切入点。发现并关注学生的切入点能够使学生的学习达到最佳状态并取得成功。

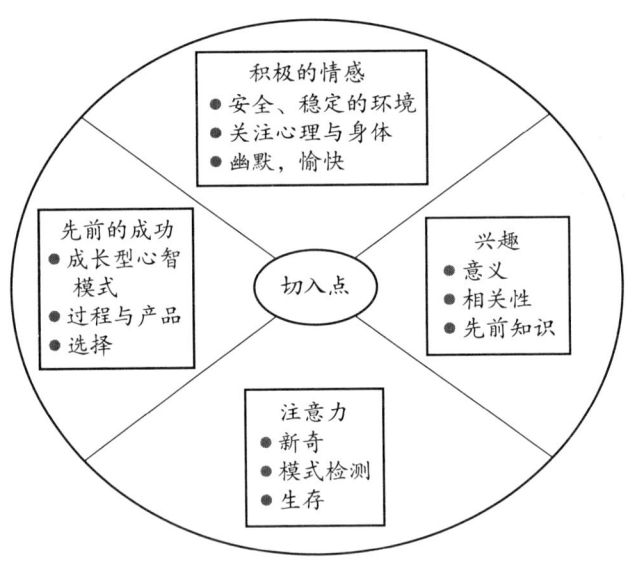

图 3.1　考虑学习者的切入点

注：图片已获许可使用。引自 *Think Big, Start Small: How to Differentiate Instruction in a Brain-Friendly Classroom*, by Gayle Gregory and Martha Kaufeldt. Copyright 2012 by Solution Tree Press。

---

① 本垒打（home run），棒球术语，指击球员将对方来球击出后（通常击出外野护栏），击球员依次跑过一、二、三垒并安全回到本垒的进攻方法，系棒球比赛中非常精彩的高潮瞬间。——译者注

教师可以采取不同的方法来确认学生学习的切入点，创建学习档案。以下是四种用来创建学习档案的方法：

- **正式途径**。编制和使用调查表与目录清单。
- **非正式途径**。观察和记录学生的选择、偏好，以及与任务相关的兴奋时刻和受挫时刻。
- **反复试验**。绘制一张遍布各种机会的网状图，让学生找到适合自己偏好的最佳位置。
- **元认知**。提供策略，以便让学生反思自己的选择、情绪、成功和目标设置。学生需要多种机会就任务进行反思和元认知（思考他们的想法）。即为了取得成功，还需反思哪些做得比较好，哪些需要改进，要设置什么样的目标。

学生需要知道：

努力（effort）加上坚持（perseverance）才能通往成功（success）。

这也能培养学生的成长型心智模式。

学习档案是很有价值的，特别是对那些不容易被任务吸引、动机不强的学生来说。教师更多地了解学生，就能更好地对学生偏好做出回应。如果你不准备就已掌握的学生情况做出回应，那就没有必要创建学习档案。记住，学生档案里的内容会随着时间而改变，它是动态的工具，会传递给下一位教师。学习档案能提醒他们，为他们了解学生及其需要节省了时间。同样的，要让学生通过学习档案了解自己的学习，而不是被蒙在鼓里，因为学生对自己的学习方法了解越多，参照越多，他们的学习效率就越高。（Donavan et al., 2005）

我们认为，关于学生的偏好，有七种差异类别要引起教师的注意：

1.学习差异：很多研究者和心理学家就学习差异进行了分类，这有助于师生了解如何更好地获取信息、加工信息，更好地选择方法和学习偏好。

2.感官学习差异：通过感官如何更好地处理信息，不同的学生是有不同偏好的。源于感官的偏好包括听觉、视觉和触觉（动觉）等方面。能为学生创立多元感官课堂的教师就走在了前面，也就能够通过提供多样化的加工和学习方式来满足更多学生的需要。

3. 思维差异：有一种理论认为，思维风格是建立在两个变量的基础上，即我们观察世界的方式是抽象的还是具体的，以及我们组织世界的方式是有序的还是无序随机的。

4. 多元智能差异：学生在多元智能领域有不同的强项和成长需要。霍华德·加德纳（Howard Gardner）描绘了八种智能：语言智能；音乐-节奏智能；逻辑-数学智能；视觉-空间智能；身体-运动智能；人际交往智能；自我认知智能；自然观察智能。（Gardner，2004，2006）此外，对存在智能的研究也处于探索阶段。随着时间的推移，教师有意识地在课堂内关注学生所有智能的开发，将为学生创造出一个舒适和相对轻松的学习环境，让学生的能力得以施展和提高。

5. 性别差异：男孩和女孩的大脑在结构上存在差异，因此他们在学习过程中的需求也不尽相同。（Gurian et al.，2001）

6. 文化差异：所有的学生，无论他们来自哪个民族，在学习方法和学习需求方面都会受到文化差异的影响。

7. 兴趣爱好差异：不同的人生经历和体验赋予学生不同的兴趣爱好。

学习偏好

学生是如何获取、处理和表达信息的呢？教育工作者可以通过学习有关学习风格、性格类型以及多元智能等不同理论，通过学生学习和解决问题的方式来了解不同学生的学习偏好。随着对每个学生的学习偏好、学习模式、思维方式以及智能特点的日渐了解，教师就可以利用不同学生的优势作为教学的切入点，并在课堂上吸引他们的注意力。

同样重要的是，学生也应该加深对自身的了解，教师也应该帮助学生培养元认知能力，从而用于自我评价和终身学习。一个人想要活到老、学到老，就必须了解自己是一个怎样的学习者。美国马里兰州教育部有关教学策略的研究表明，通过直接引导、示范和操练来帮助学生培养并内化元认知策略的教师可以更快地帮助学生提高学习效率，因为能否正确地使用元认知策略正是高效学习者和低效

学习者的主要差别。（McTighe，1990）

感官偏好

丽塔·邓恩（Rita Dunn）和肯·邓恩（Ken Dunn）提出学习偏好模型，他们将学习风格分为听觉型、视觉型和动觉型三种。

- **听觉型学习者**。这类学习者更容易获取口头和听到的材料，并且更倾向参与口头提问而不是书面问题。他们更喜欢身临其境地参加讲座、听别人讲故事和欣赏音乐。同时，他们享受声音的变化，比如声音的转折变化和语调的高低起伏。他们喜欢参与讨论，并抓住机会与其他学习者分享所学到的知识。
- **视觉型学习者**。这类学习者最好的学习方式是看或阅读。他们喜欢阅读材料中的插图和表格，因为图示类的组织方式可以帮助他们建构可视化理解。另外，颜色对他们的学习也有很大的影响。
- **动觉型学习者**。这类学习者最好的学习方法是切身参与到有意义并且与生活相关的学习活动中去。不管是动手操作、接触材料还是写作绘画，都可以帮助他们获得最佳的学习效果。他们在角色扮演活动中乐此不疲，喜欢模仿。他们崇尚自由自在的学习方式，希望得到在教室里到处走动的学习机会。（Dunn et al., 1987）

教师应如何应对学生的不同感官偏好

教师首先应该意识到学生的不同学习模式、学习风格，进而准备适当的教学活动，以便尽可能地满足每个学生的需求。

教师在教学设计中涵盖的学习模式、学习风格越多，就越有可能使得学生在学习过程中充分利用大脑，在本课或本单元的学习中达到《共同核心州立标准》的要求。这种做法和把学生分成不同类别不一样，这样做可以提供多样的学习活动，以应对学生不同的学习风格（见图3.2）。

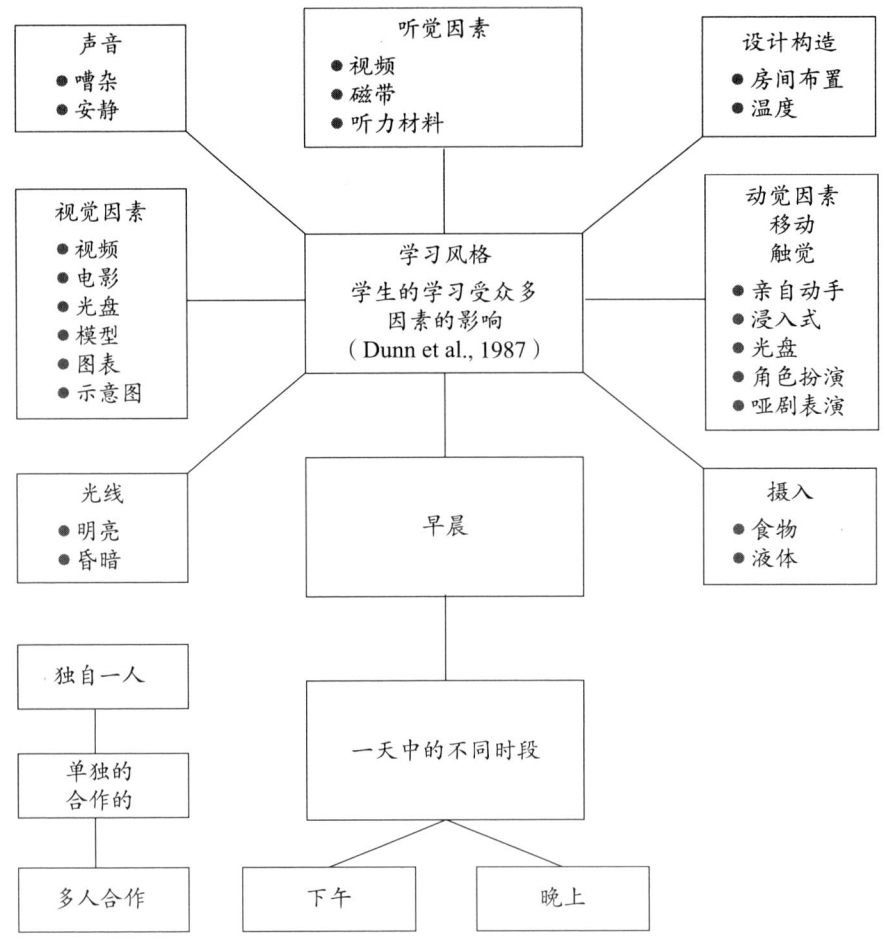

图 3.2 学习偏好：学习受到环境和一天中具体时段的影响

检验教学设计是否满足学生多样化的信息加工方式的一些问题示例：

● 有为听觉型学习者提供听、说、讨论的机会吗？

● 教室里是否配有耳机并为每个学生留出听或看录音带、CD 和 DVD 的时间？

● 视觉型学习者是否可以从阅读、观察和观看中获取信息？

● 教室看上去吸引人吗？是否为视觉型学习者提供了表格、示意图、图片？是否有学生展示的环节？

● 动觉型学习者是否有检查、操作、处理材料和模型的机会？

● 动觉型学习者是否有足够的机会根据需要或选择在教室里自由活动？

● 是否有角色扮演和模拟活动来加深理解，满足动觉型学习者的需要？

教学活动的多样化可以满足更多学习者的需求，调动他们大脑中更多的部分参与学习，有利于达到更好的学习效果和记忆效果。据称，我们从——

● 读中可以学到 10%；
● 听中可以学到 20%；
● 看中可以学到 30%；
● 看和听中可以学到 50%；
● 与他人讨论中可以学到 70%；
● 亲身体验中可以学到 80%；
● 教授别人中可以学到 95%。（Ekwall et al., 1988）

我们并不建议学生不去阅读或是只听不做。我们应该在课堂中发掘所有可能的学习机会，通过不同方式的准备，寻求最大范围的成功，以此满足不同学生的学习偏好。此外，《共同核心州立标准》中建议的复杂性思维培养也可以包括在内。

表 3.1 呈现了记忆的保持程度、思维水平、教学策略，以及它们与学习偏好的关系。

表 3.1　学习偏好与记忆的保持程度的关系

记忆的保持程度	思维水平	学习策略	学习偏好
通过阅读可保持10% 的记忆	记忆 理解	考试 网络学习 书籍 原始资料	视觉 写字板[①] 显微镜
通过讲座可保持20% 的记忆	记忆	小演讲 演讲 讨论 特邀发言人	听觉 写字板 显微镜

[①]"写字板""显微镜""沙滩排球"及"小狗"的具体所指详见本章表 3.4"学习风格矩阵"。——译者注

续表

记忆的保持程度	思维水平	学习策略	学习偏好
通过视听可保持30%的记忆	记忆 理解	投影 电子白板 示意图 幻灯片 图表 图片 录像/DVD 电影 录音磁带/CD	听觉 视觉
通过示范可保持50%的记忆	记忆 理解 应用	教师示范 虚拟现实 网络学习 在线研讨会	听觉 视觉
通过讨论可保持70%的记忆	记忆 理解 分析 评价	同伴分享 小组学习 社区网络学习	听觉 人际交往智能 语言智能 小狗
通过实践可保持80%的记忆	记忆 理解 分析 应用 评价 创造	练习技能 动手项目 言语复述 教具 制作模型 学习中心（站）	听觉 视觉 身体-运动智能 沙滩排球 写字板
通过教别人可保持95%的记忆	记忆 理解 分析 应用 评价 创造	学生展示 各种演讲展示 展览 小组学习 口头汇报	听觉 语言智能 人际交往智能 小狗 写字板 显微镜 沙滩排球

注：表格引自 Gregory, G. H. *Differentiating Instruction With Style*. 2005, Thousand Oaks, CA: Gorwin Press。

教师也需要考虑其他影响学习风格的因素：

- **噪声等级：**学生喜欢在热闹还是安静的环境下学习？
- **设计布局：**学生喜欢怎样的空间布置？教室对学生来说是太冷还是太热？
- **动机和毅力：**学生可以长时间参与还是只能维持短时间的参与？
- **责任感：**他们非常独立自主，还是需要很多指导？
- **结构框架：**他们更喜欢灵活性，还是需要具体的结构框架？
- **个人/同伴：**他们喜欢和他人合作，还是更喜欢独自学习？

教师也可以运用学习目录清单（见表3.2）来了解更多有关学生的信息和需求。仅仅是有关学习偏好的知识就足以影响教师制订教学计划，学习如何呈现不同的教学材料，如何为课堂设计可供学生选择的练习。

表 3.2 你喜欢如何学习

1. 你喜欢边听音乐边学习，还是在安静的地方学习？

A. 安静　　　　　 B. 音乐

2. 你喜欢在哪儿完成作业？

A. 教室　　　　　 B. 书桌上（家里）　 C. 地板上　　　　　 D. 餐桌上　　　　　 E. 电脑上

3. 如果你完不成（该做的）事情，是因为：

A. 你忘了　　　　 B. 你很烦　　　　　 C. 你分神了　　　　 D. 你需要帮助

4. 你喜欢坐在教室的什么地方？

A. 挨着门　　　　 B. 前排座位　　　　 C. 墙边　　　　　　 D. 靠窗　　　　　　 E. 后面

5. 你喜欢怎么学习？

A. 一个人　　　　 B. 和同伴一起　　　 C. 在小组中

6. 你什么时候思维比较敏捷，下午、晚上还是上午？

7. 你最喜欢什么课，为什么？

8. 描绘你是如何学习的，在哪里学，什么时候学，怎么学。

9. 如果你有任务需要在两周内完成，你打算如何完成？

10. 如果你初次接触某事，你喜欢：

A. 有人解释给你听　B. 阅读相关信息　　 C. 看录像或者演示　D. 自己试一试

认知偏好

来自美国康涅狄格大学的安东尼·格雷戈克（Anthony Gregorc）基于两个变量开创了一个认知方式分类理论，这两个变量分别是：我们对世界的观察方式（抽象型和具象型）和我们对世界的组织方式（有序型和无序型）。通过使用这两个变量，格雷戈克将个体认知方式分为以下四类（Gregorc，1982）：

- **具象无序型**。以具象无序型为主要认知倾向的人也称作发散型思维认知者。他们有强烈的实践意识，思维敏捷，敢于创新，善于追求问题解决方式的多样化。因此在课堂中，需要给予这些认知者选择学习内容的机会以及各抒己见的途径。这些学习者喜欢根据自己新获得的知识和概念创造新的学习模式和实用性强的方法。
- **具象有序型**。具象有序型的认知者通过自己的感觉感知这个物质世界。他们注重细节，能轻松地记住细节。他们在学习中讲求结构、框架、时间表和系统性，喜欢讲座或是有教师指导的活动。
- **抽象有序型**。抽象有序型的认知者更愿意在理论和抽象思维的世界中学习。他们的思维过程富有理性，逻辑严密，思辨能力强。他们最享受沉浸在工作或研究中的时光。另外，这类学习者需要一些时间对新的想法、概念和理论进行整体全面的研究，喜欢通过调查和分析支持新获得的信息，只有这样，这些信息才真正对他们有意义。
- **抽象无序型**。抽象无序型的认知者通过与他人分享和讨论组织信息。他们处于一个感情丰富的感性世界，个性化的信息最有利于他们学习新的知识。这些学习者喜欢在学习过程中与人讨论互动，因此，小组合作学习、学习中心、加油站和同伴学习等形式都可以促进他们对信息的理解。

罗伯特·斯滕伯格（Robert Sternberg）在他的著作《成功智力》（*Successful Intelligence*）中提到，聪明的人之所以会取得成功，是因为他们能够将所获得的信息和所学的知识以实践型、分析型和创造型的方式运用到生活中（Sternberg，1996，见表 3.3）。因此，具有不同偏好的学习者会将他们智力中天生具备的实践型、分析型和创造型因素带入他们所在的学习小组。该理论为教师教学某个新的主题提供了不同的选择，同时也为他们引导学生朝着不同的方向发展提供了选择。教师可以抓住这个机会，帮助学生参与到课堂活动中，并激发他们的学习动力。另外，采用不同学习风格的学生在一起协作学习也是一个不错的安排。因为不同的思维方式不但不会影响小组互动，反而帮助小组内各成员各抒己见，取长补短。《共同核心州立标准》也建议学生在学习中学会运用分析和创新技能，以便今后成为更有能力的世界公民。

表 3.3　斯滕伯格的智力三元论

智力类型	表现
实践型智力	具有此类智力的学习者注重知识和能力的实用性，推崇技能在真实情境下的应用。
分析型智力	具有此类智力的学习者注重部分与整体的联系，重视知识的检验。学校布置的很多任务大多对应此类智力。
创造型智力	具有此类智力的学习者重视基于概念与技能进行创新的机会，他们利用已有的概念提出新的见解，实现新的可能。

戴维·科尔布（David Kolb）基于体验式学习，提出了如下四种风格的学习者：

- **调适型学习者**。此类学习者喜欢尝试新鲜事物，并不断打破自己和他人的固定思维。他们富有创造力，特立独行，善于灵活应对挑战。
- **逻辑推理型学习者**。这类学习者只关注与眼前情况或问题相关的信息及解决方案，擅长筛选和组织重要信息，喜欢做事时有明确的目标和确切的时间明细表。
- **同化型学习者**。这类学习者希望通过调查、阅读、研究尽可能多地了解一个主题。他们具有耐心和毅力深入钻研各种信息，而且享受研读抽象内容的过程。他们相信自己可以从之前的经验和其他专家学者那里获得知识。
- **发散型学习者**。一个积极向上、融洽舒适的学习环境在这类学习者的眼中十分重要。他们偏向于从与他人的谈话中学到新的东西。在求知的过程中他们秉着无私的态度，希望在学习的过程中去探索和寻找多种可能性。
（Kolb, 1984）

伯尼斯·麦卡锡（Bernice McCarthy）的 4MAT 学习模型区分了四种学习风格以及与四种学习风格最为适用的四种教学策略：（1）想象型学习风格；（2）分析型学习风格；（3）常识型学习风格；（4）活动型学习风格。（McCarthy，1990；McCarthy et al.，2006）在某些情况下，学习者有能力将四种学习风格全部应用到学习过程中，但是大多数人偏向于其中的一种学习风格。教师要面对的挑战是如何在同一堂课中为四种不同风格的学习者提供相应的学习体验，使他们在各自的学习风格下得到最大程度的提升。我们可以把教师解决此问题的模式看作一个圆圈，圆圈被分为四个象限，其中的内容可以为设计教案和实施教学提供指导（见图3.3）。

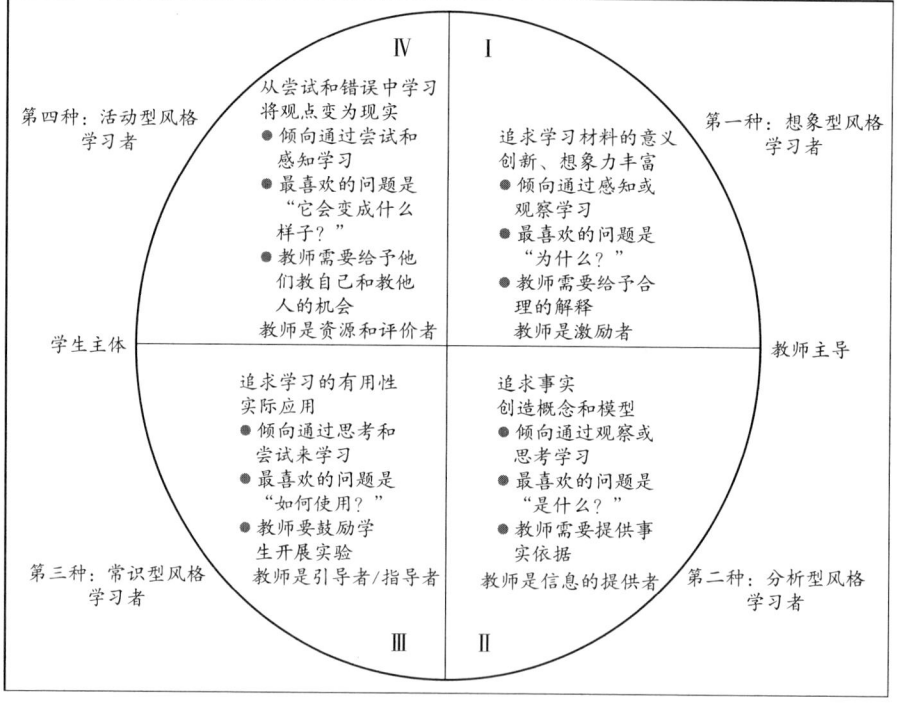

图 3.3　伯尼斯·麦卡锡的 4MAT 学习模型

注：图片改编自 McCarthy, 1990；McCarthy & McCarthy, 2006。

第一种：想象型风格学习者（具体经验）

这类学习者侧重关注学习材料的意义。他们创新能力强，富有想象力，喜欢从感知和反思中学习。这时，教师需要联系学生以往的生活经历，为回答他们"为什么学习这部分材料"提供合理的解释。积极友好的师生关系在教学过程中十分重要。

第二种：分析型风格学习者（概念架构）

这类学习者注重探寻事实。他们喜欢通过观察和思考学习，并创造一些相关的概念和模型。他们热衷于客观的信息和从教师或权威人士的讲座中获得知识。

第三种：常识型风格学习者（主动应用）

这类学习者强调学习的有用性和实际应用，倾向于从思考和实践中学习。开展实验和解决实际问题都能激发这类学习者的学习热情。

第四种：活动型风格学习者（创造尝试）

这类学习者通过不断地试错来获得知识，他们喜欢从尝试和体验中学习。他们希望成为自己和他人的老师，并将教师视为一种资源。他们喜欢冒险，热衷探索，对死板的安排和理论性太强的任务嗤之以鼻。

根据卡尔·荣格（Carl Jung）和布里格斯·迈尔斯（Isbael Briggs Myers）的理论，哈维·西尔弗（Harvey Silver）等人总结出一个有关四种学习风格的模型：

- **自我表现型学习者**。这类学习者倾向于一种原创、灵活，以及精妙的思考方式。他们喜欢教师为他们提供自主思考的机会并帮助他们学习。他们是自主创新型的学习者。

- **精通型学习者**。这类学习者喜欢通过对新知识的观察、描述、记忆以及练习达到精通的地步。他们喜欢教师在呈现信息之后布置练习，从而加深对基本技巧的掌握。

- **理解型学习者**。这类学习者喜欢找机会对所学知识进行总结、分类、对比、对照或者寻找因果关系。他们喜欢教师提供材料，然后自己探究出事实背后的原因。他们喜欢理性地分析与思考，寻求支持他们学习的依据。

- **交际型学习者**。这类学习者善于在社交活动中，通过表达自己的情感和移情来强化所学的知识，或为已有的知识提供支持和证据。对于这类学习者，教师应该将所讲内容与他们的切身经历相结合，如此一来，他们可以认识到知识与实际生活之间的关联，使他们的学习更有意义。

学习和认知偏好在课堂中的应用

前文所提到的各种学习风格理论之间的联系和相似之处可以通过一个矩阵进行比较（见表3.4）。纵向来看，每一栏列出了同一种理论对不同学习风格的解读；横向来看，每一行表现了不同理论对同类学习风格解读之间的区别。

表3.4　学习风格矩阵

	格雷戈克	科尔布	西尔弗/斯特朗/汉森	4MAT/麦卡锡
沙滩排球	具象无序型 ● 发散的 ● 实验的 ● 别出心裁的	调适型学习者 ● 喜欢尝试新的想法 ● 注重创造力，处事灵活 ● 敢于冒险	自我表现型学习者 ● 通过个人感受来构建新的想法 ● 能制成原创与独特的材料	第四种：活动型风格学习者 ● 善于创新和实际行动 ● 注重学习的有用性和实用性
写字板	具象有序型 ● 任务主导的 ● 有效的细节	逻辑推理型学习者 ● 注重有用和相关的信息 ● 注重信息的即时性 ● 善于组织重要的信息	精通型学习者 ● 有很扎实的信息获取和理解能力 ● 能一步一步处理获取的信息	第三种：常识型风格学习者 ● 思考然后付诸实践 ● 既活跃又能做到学以致用 ● 能让事情运转起来、发挥功效

	格雷戈克	科尔布	西尔弗/斯特朗/汉森	4MAT/麦卡锡
显微镜	抽象有序型 ● 理智的 ● 分析的 ● 理论化的	同化型学习者 ● 如饥似渴的读者，寻找一切学习的机会 ● 对研究很有耐心 ● 重视概念	理解型学习者 ● 倾向探究不同的观点 ● 喜欢根据现有证据和线索进行推理	第二种：分析型风格学习者 ● 善于思考和反思 ● 作为学习中的观察者，欣赏讲授式的教学方式
小狗	抽象无序型 ● 想象的 ● 情感的、整体的	发散型学习者 ● 注重积极友好的学习环境 ● 重视环境对自己的吸引力和舒适度	交际型学习者 ● 喜欢通过具体概念和社交活动来加工和使用信息	第一种：想象型风格学习者 ● 通过感知和反思学习 ● 对以往经验反思并发挥创造性

　　西尔弗和他的同事经常在教学研讨会中运用隐喻性思维。大多数人对沙滩排球、写字板、显微镜和小狗十分熟悉，因此，将其与四种学习风格相类比，就可以帮助学习者理解每一种学习风格的属性，当他们回想起与之相关的物体或动物属性时，也就记住了每一种学习风格的属性和特点。在课堂上，首先，教师提问学生沙滩排球、写字板、显微镜以及小狗各自的特点，他们就会意识到不同的学习者会运用不同的学习风格；其次，通过对沙滩排球、写字板、显微镜以及小狗的头脑风暴，他们就可以理解这些学习风格之间的不同之处。

　　头脑风暴过后，学生可以将联想结果与不同风格学习者的实际相关联，总结出最有利于他们取得成功的学习环境。例如，沙滩排球是不断在跳动的，这类学习者富有创造力，想要拥有自由，可以去其想要去的任何地方。因此，如果在学校里有这类学习者，他们就希望在学习的过程中有更多选择的机会，能够施展创造力，能够在教室里随意走动，能使用学习中心，等等。学生可以基于对自己的了解，用这四种类型对自己进行评分。这时，教师可以指出，我们也许满足每一个类型中的一些特点，但是得分最高的两项决定了自己的学习风格，以及最适合自己的活动类型。

有些教师可能想要知道这每一种学习风格对课堂教学有什么具体需求。有一个教师小组归纳出了如下列表，总结出每种学习风格的人各自看重的一些要点。

沙滩排球	显微镜
● 多样化的教学资源	● 研究性学习
● 可调适的环境	● 批判性思维
● 多样化的教具	● 核实信息
● 灵活多样的活动	● 分析概念
● 自发的活动	● 深入探究
● 活动的延伸和扩展	● 讨论
● 个人的自由	● 注重细节
	● 责任感
写字板	**小狗**
● 有组织的课堂	● 舒适的学习环境
● 结构清晰的课堂	● 激励性的学习氛围
● 视觉化的指令	● 支持性的学习小组
● 明确的结尾	● 安全的学习氛围
● 遵循一定顺序的学习	● 互相尊敬的同事
● 明确的教学过程	● 感同身受的听众
● 连贯一致的教学步骤	● 敏感的同伴
● 明确的学习预期	

教师选用哪种标准来描述学生的学习风格并不重要，重要的是教师能够意识到不同学生的学习偏好不尽相同。这样一来，对于不同的学生，在同一节课上，教师就可以更好地设计教学活动，以满足不同学生的学习需求。

多元智能

霍华德·加德纳的多元智能理论为我们提供了又一个观察和了解学生学习和处理信息的框架：

我认为，人类的认知能力更应被描述为一系列能力、天赋或者脑力技巧的总和，我将之称为智能（intelligences）。所有正常的人类个体在某些程度上掌握这些能力和技巧；人与人之间在掌握各种能力的程度上有所不同，在出生之时，多种智能之间的组合也千差万别。我相信，这个理论相比其他有关人类认知能力的理论更加切合人类实际，更加可靠，因此，它也能更加充分地反映人类已有的多种"有智力（intelligent）"行为。（Gardner，2006，p.6）

加德纳为我们提供了八种可供选择的智能类型：

1. 语言智能：听说读写能力。
2. 逻辑-数学智能：数字和抽象图形的处理能力。
3. 视觉-空间智能：处理图形图像、思维导图、组织图的能力，善于形象地将信息可视化，并通过画图表示出来，对色彩和艺术世界有很强的探索能力。
4. 音乐-节奏智能：辨别节奏、曲调、富有规律的节拍声；擅长唱歌、打节拍、跳舞。
5. 身体-运动智能：通过触摸、运动、表演和动手操作处理信息，并且在日常生活中善于利用多种精细和粗大的动作技能。
6. 人际交往智能：善于分享、合作、交流，理解关心他人，和他人一同出谋划策。
7. 自我认知智能：独处、自我调节、认识自己、元认知思维。
8. 自然观察智能：热衷户外活动，能辨别和注意到世界的规律并对其进行分类。

"采矿掘金"

有一位老师曾与我们分享她的经历。她觉得她时不时会观察她的学生，试图发现他们擅长的多元智能。这位老师将这个过程比作"采矿掘金"。教师在教学过程中不仅发现了学生所具备的多种智能，还有意识地为学生提供了培养包括最常见的语言和逻辑-数学智能在内的多种智能的学习环境。他们认为，我们想要引鱼上钩，就应该把鱼钩做成鱼喜欢的形状，而不是捕鱼人喜欢的形状。因此在课堂上，教师应该像捕鱼一样，运用多种教学策略使课堂对学生有吸引力，而不是吸引老师。

了解学生

了解学生是为每个学生收集数据以建立学习档案的一种方法。教师应该了解学生的优势，进而帮助学生树立自信；学生也应该了解自己的优势，努力弥补自己的不足，这样一来，他们才能为自己树立目标，应用元认知策略。教师和学生可以通过清单和问卷（见表 3.5 至表 3.11）来了解学生所偏好的几项智能。

你在哪些方面很聪明

"你在哪些方面很聪明？"（见表 3.5）是一个为学生和教师设计的清单，它可以帮助学生和教师提高自我认识并了解自身在智力方面的优势，这对增强自我意识、提升自信心有很大的帮助；同时，它也可以帮助学生发现自身仍需提高的方面。学生可以把与自己最相似的项目勾选出来，然后将这些信息转移到一个柱状图上，对每一个用来进行智力检查的项目都用一个柱状图表示。柱状图做好后就可以剪下来，创建每一个学生"独一无二的多元智能档案"（见表 3.6），该档案也可以与学习小组中其他学生的档案进行对比和比较。（Fogarty et al., 1995）绘制学生的多元智能档案可以帮助学生认识到，自己至少在三个或者四个方面十分出色，这些优势可以帮助自己拥有更多创新的机会和解决问题的方法。该活动强调了个人的优势在于能力的多样化这个概念。随着学生不断积累经验，不断从实践经验中反思学习，他们的智能档案也在不断地发生变化。（Chapman, 1993）

观察学生

在学生学习或互动时对其进行观察可以增进教师对他们的了解。一些教师在教室里选择特定的区域，为的是学生可以在午后或休息时在那里进行游戏或其他活动，教师可以通过学生所选择的游戏了解他们的一些喜好。比如说，一些学生会选择与字母和单词有关的游戏，一些学生会选择逻辑性强的、问题解决类游戏，一些学生会选择富有创造力的活动，还有部分学生则会选择交际性的、模拟成人社会的游戏。在观察的过程中，教师可以使用写字板和便利贴来记录观察到的一些信息，这些信息会在之后收入学生的学习档案中（见表3.7）。

日志和日记

学生会在他们的日志和日记中记录自己的学习状况，以及他们对某个教学活动的偏爱，因此，教师可以从这些记录中获得有价值的信息。每节课结束后，让学生在离开教室之前回答几个问题，可以帮助教师在某个具体问题上获得即时的反馈。教师可以询问学生：在这堂课上什么最吸引你？你最大的收获是什么？或者你最不喜欢哪个环节？这些问题的答案对教师今后的教学设计有很大的帮助。或者，教师也可询问学生：课上讲的内容听懂了吗？有哪些地方还不清楚？有什么问题还需要解释？以便检查学生对课上所讲的内容的理解是否准确清晰。表3.8为学生提供了一个自我反思的工具，学生可以在日记中整体运用这个工具，或者连续几天单独使用其中的几项。这些元认知策略对培养学生的成长型心智模式具有十分重要的作用，同时也可以帮助学生成为自己学习的主人。

在低年级的小学课堂里，学生会使用一些符号或者一个名为"是—也许—不是"的检测单（见表3.9），以取代文字来表示他们的偏好。教师可以给学生提出一些类似检测单后半部分的问题，学生在考虑好每个问题之后，在对应问题的后面画上一个表情符号，教师根据表情符号来判断学生是否喜欢这个活动。

随着教师对学生独特的学习偏好和智能类型的了解逐渐增多，他们就可以设计出更加贴合学生需求、赢得学生喜爱的学习活动。由于教师本身也是独特的个体，他们的教学风格难免带有个人特色，在教学中加入一些指导和评估手段，或是使用一些让自己不太习惯的教学策略也是一种自我成长和锻炼。

教师需要建立起一套完整的教学体系，使更多的学生参与其中，并且在每一节课上尊重学生的多样性。多元智能理论为教师将八种智能带入课堂提供了很多选择（见表3.10）。当教师在课堂上调动了学生的多种智能时，每一个学生就会有更多的学习机会，也会有更多的方式来展示他们的知识。教学设计指导模板可参见表3.11。

当学生逐渐形成自己独特的学习方式时，教师需要不断收集数据并观察学生。接下来，教师可以有意识地开展多种教学和评估活动，吸引更多的学生，使他们参与到活动中。在这些活动中，学生会对某些领域充满自信，想要坚持下去，同时他们也会遇到不少的挑战。我们认识到，个体学习方式的差异和多元智能的存在使得同一种学习不一定适合所有学生。因此，了解学生，并且有意识地根据他们的学习方式、智能类型、学习偏好进行教学设计，可以帮助教师更好地调动学生的学习积极性与参与性，为学生提供多种多样的学习方法。

表 3.5　你在哪些方面很聪明？

语言智能	自我认知智能
● 我喜欢讲笑话、故事和神话。	● 我了解自己的感受、优点和缺点。
● 书籍对我很重要。	● 我喜欢更深入地了解自己。
● 我喜欢阅读。	● 我喜欢自己的爱好。
● 我常常听收音机、看电视、听磁带和 CD。	● 有时我喜欢独处。
● 我觉得书写容易，我很享受书写。	● 我对自己有信心。
● 我会引用我读过的东西。	● 我喜欢自学。
● 我喜欢谜语和文字游戏。	● 我常常思考之后再计划下一步怎么做。
逻辑-数学智能	**视觉-空间智能**
● 我能轻松地解答数学题。	● 闭上眼睛，我能看到清晰的图片。
● 我喜欢数学，喜欢用电脑。	● 我习惯借助图片思考。
● 我喜欢战略游戏。	● 我喜欢色彩和有趣的设计。
● 我想知道事情是如何运作的。	● 在陌生的地方，我也能找到路。
● 我喜欢运用逻辑解决问题。	● 我爱画画涂鸦。
● 我喜欢讲道理。	● 我喜欢那些带图片、地图和表格的书籍。
● 学习过程中我喜欢运用数据去测量、计算和分析。	● 我喜欢录像、电影和摄影。
人际交往智能	**身体-运动智能**
● 人们喜欢征求我的建议。	● 坐的时间太长我会觉得不舒服。
● 我更喜欢团队运动。	● 说话时我喜欢接触他人或者被接触。
● 我有很多好朋友。	● 说话时我会用手比画。
● 我喜欢小组学习。	● 我喜欢做手工。
● 在人群中我感觉很舒服。	● 我通过触摸来学习更多的东西。
● 我对他人有同情心。	● 我认为自己的协调能力好。
● 我能觉察出人们的感受。	● 相比起从看中学，我更喜欢从做中学。

续表

音乐-节奏智能	自然观察智能
● 我喜欢听一些精选的音乐。	● 我喜欢亲近大自然。
● 我对音乐和声音很敏感。	● 我喜欢把事情分类。
● 我能记住曲调。	● 我能清楚地听到动物和鸟类的声音。
● 我喜欢学习时听音乐。	● 当我观察花朵和树木的时候，我能关注细节。
● 我喜欢唱歌。	● 在室外我最开心。
● 我能跟上音乐的节奏。	● 我喜欢照顾动植物。
● 我很有节奏感。	● 我知道树木、花朵、鸟类和动物的名称。

表 3.6　独一无二的多元智能档案

语言智能						
逻辑-数学智能						
人际交往智能						
音乐-节奏智能						
自我认知智能						
视觉-空间智能						
身体-运动智能						
自然观察智能						

注：表格引自 *Integrating Curricula With Multiple Intelligence: Teams, Themes, and Threads*, by Fogarty and Judy Stoehr, 1995, Corwin.www. corwin.com。

表 3.7   以教师观察为基础的学生学习档案

学生学习档案	
观察时间：	姓名：
语言智能	自我认知智能
逻辑-数学智能	视觉-空间智能
人际交往智能	身体-运动智能
音乐-节奏智能	自然观察智能

表 3.8 八种智能：学生个体或者同伴间自我反思的工具

回答下列问题后，和你的同伴比较一下答案。

如果做我喜欢的事情，我会……

当我有空的时候，我常常……

我的爱好包括……

在学校，我喜欢……

课堂上我真正喜欢做的事情是……

当人们让我做……时，我不舒服。

你喜欢一个人学习还是小组学习？为什么？

表 3.9　是—也许—不是

☺	😐	☹
1.		
2.		
3.		
4.		
5.		
6.		
7.		
8.		
9.		
10.		

询问学生对他们今后有可能参与的一些活动的感受。

你觉得下列活动怎么样？

1. 绘画和艺术创作

2. 音乐活动

3. 与他人合作学习

4. 独自学习

5. 运用数字

6. 写作，谈话交流

7. 一边学习一边跳舞、运动或者改变姿势

8. 解决问题

9. 阅读

10. 思考问题

11. 运用技术

12. 成为领导者

表 3.10 聚焦课堂上的多元智能

定义	智能的培养	在课堂教学中的应用
语言智能 运用语言进行读、写和沟通	● 玩单词游戏 ● 练习解释观点 ● 讲笑话、猜谜语 ● 智力问答 ● 编打油诗	● 写作 ● 做报告 ● 解释 ● 描绘、讨论 ● 访谈 ● 归类、命名 ● 发出指令，遵从指令
音乐-节奏智能 通过节奏和韵律来沟通和交流	● 通过访谈，了解人们最喜欢的音乐 ● 用最喜欢的东西编一首歌 ● 玩"听歌认曲"游戏 ● 创作班歌 ● 分享一首对自己而言很特别的诗	● 咏唱 ● 唱歌 ● 说唱、歌曲 ● 打拍子 ● 诗歌 ● 打油诗
逻辑-数学智能 运用逻辑推论解决问题	● 为学生介绍图形组织器，并让他们反馈使用感受 ● 提供逻辑问题或者情境，让学生分享问题解决的策略	● 先行组织者 ● 图形组织器 ● 智力测验 ● 辩论 ● 批判性思维 ● 图表 ● 数据和统计
视觉-空间智能 在脑海里将所学进行可视化的能力	● 为学生提供机会，使其闭上双眼将某些场景、过程和事件变成思维图像 ● 允许和鼓励学生在展示学习成果时添加图像和陈述，或说明其理解	● 画画 ● 创作 ● 视觉化 ● 涂色 ● 想象 ● 示范 ● 描绘细节

定义	智能的培养	在课堂教学中的应用
身体-运动智能 运用整个身体进行学习与表达自我的能力	● 让学生就过程和事件进行角色扮演 ● 创作舞蹈或者通过模仿来解释新知 ● 创作手势或者动作来解释新知	● 表演 ● 创作 ● 组织 ● 发展 ● 控制 ● 跳舞或模仿
自然观察智能 辨识与分类的能力	● 为学生提供机会，对相似属性或不同属性的事物进行分类或检查 ● 给学生时间进行检查和周密的思考	● 分类，整理 ● 运用标准组织 ● 调查 ● 分析 ● 识别，分类
自我认知智能 自我反省的能力	● 让学生制订一个任务计划，并反思过程，制订改进的目标 ● 提出日志或者反思时间，让学生反思自己的工作与想法	● 元认知 ● 日志和日记 ● 自主学习 ● 目标设定 ● 积极肯定 ● 自传 ● 私人问题
人际交往智能 和他人合作的能力	● 练习积极倾听和鼓励的技巧 ● 欣赏他人的聪明才智	● 团队合作 ● 同伴活动 ● 交互教学 ● 同伴阅读、修改、咨询 ● 角色扮演 ● 班级会议 ● 研讨与分享

表 3.11　课堂上运用八种智能的教学设计建议

语言智能	音乐-节奏智能
头脑风暴	编歌
整理思路	想一个主题曲，并说明理由
总结	写一首诗
改写开头或者结尾	创作短诗或者标语
描述事情	选择适合的声音
写博客	识别音高、音调和音色
写广告	运用背景音乐
写评论	创作节拍
写简讯	做有节奏的动作
准备一个演讲	识别声音
创建一个网页	识别音乐作品
组织一场辩论赛	翻译歌曲
提出挑战性的问题	录制音乐
找到支持结论的证据	学一种乐器
运用形象的语言	找到背景音乐
研究发明者或者作者	运用"你说我唱"的软件创作歌曲
写总结或结论	
写主旨大意和具体细节	
创作一本书	
阅读或者写笔记	
略读和精读	
总结出属性	
用形容词或者短语进行描述	

逻辑-数学智能	视觉-空间智能
排序	画图或表格
设计一个游戏	制作手翻书
制作一个电视节目	写摄影散文
创设时间表	创建网站
叙述过程	向 YouTube 网站传送视频
归类	设计海报
找到缺失的部分或环节	设计一个木偶
分类	制作拼贴画
评定等级	（用示例、图画等）加以说明
运用矩阵	绘制图形组织器
设计一个图表	设计或创作
尝试新方法	运用颜色
调查	运用不同的艺术媒体
制作一个目录清单	解释一份艺术作品
通过关键词进行网络搜索	设计一本书
调查与收集数据	雕刻
诠释数据	画一张地图
技术世界	设计透视画或立体模型
运用小工具	将图画中某部分强调突出或加标记
估算或计算	画人物素描

身体-运动智能	人际交往智能
运动	与他人合作
说出功能	对他人表示同情心
头脑风暴	小组合作
用身体动作解释意思	组织一次采访
玩游戏或者做运动	与他人讨论
手部操作	参与话题
构造或建造	达成一致
角色扮演并演出	给予或接受反馈
表演	将各种信息拼接起来
演出	成为团队的一员
哑剧	利用社交网络了解有关主题的信息
木偶表演	
将自己所了解的用动作展示出来	
改编成剧本	
模拟	
形意舞	
做实验	
通过反复试验发明或发现	

自我认知智能	自然观察智能
做出个人选择	学会生存
独自学习	了解自然
运用元认知思维	利用自然为自己服务
设计一种方式	研究科学
获得一种策略	利用互联网开展研究
总结你的感受	把信息应用于生活
确定你的喜恶	建立个人与世界的联系
做出选择	学习生活必需的技能
自我评价	掌握科学方法与分类
设定目标	研究陆地、海洋和空气
执行任务	发现
评价感觉	发明
认识自己的偏好	探索世界
自律	
开发一份电子杂志	
收集文件资料	

性别差异

性别差异是进行差异教学又一个有说服力的原因。男性和女性大脑结构有一百多处不同。遗传基因和社会化程度导致了这些差异。表 3.12 显示了这些差异。

表 3.12 性别差异

差异区	女性大脑	男性大脑
额叶	前脑皮层十分活跃，比男性额叶发育早，所以女性处理事情和集中注意力的时间更长。	男性因为额叶发育不够，容易冲动，所以可能会被打上学习障碍、行为失常的标签。
视觉—空间	女性的大脑皮质层更专注情绪和语言处理。因此，女性比男性语言发展要好。	男性的大脑有更多的区域负责空间功能。
P 细胞和 M 细胞	视觉系统的 P 细胞更普遍，女性对颜色和复合感觉活动更感兴趣。	男性在视觉和神经区的 M 细胞更大。他们在书写时，依靠的是图片和运动。
神经休息状态	就算是很烦的时候，女性的大脑也能保持活跃，她们还是可以听、写、做笔记。	一天中，男性的大脑需要更多的休息，需要更多的物理刺激才能保持专注。
天生的进攻性	女性不及男性那么具有竞争性和攻击性，因为女性具有较多的催产素。女性更渴望与他人建立关系，更喜欢取悦他人。	男性由于神经和化学因素的原因，更具有竞争性与攻击性。男性体内催产素较少，更容易冲动，建立关系方面不如女性感兴趣。
跨脑功能	女性的胼胝体更大，大脑左右半球交流更多，所以她们更擅长处理多个任务。	男性爱将整件事情分为部分，更喜欢线性任务。他们需要更多时间进行任务间的转换。

注：表格引自 Gurian & Stevens，2005。

所以，在课堂上——

我们应该考虑这些生物学差异，并采取适当的措施。教师可以把下列这些建议运用到课堂上，以满足男生与女生不同的学习需要并使他们都参与到学习之中。

- 为按同性别分组提供机会。
- 意识到女生集中注意力的时间比男生要长，所以对男女生的要求要不同。
- 提供连贯和有限过渡的活动。
- 意识到女生拥有擅长照顾人和善于沟通的天性，尊重这种天性。另外，女生也很讨老师喜欢。
- 多和女生在语言、情绪层面进行沟通。
- 提供健康、协作型的竞赛。
- 为空间型和语言型学习者提供任务选择。
- 提供丰富的材料和多媒体，满足所有学习者的需要。

文化差异

詹尼瓦·盖伊（Geneva Gay）将"文化回应性教学"定义为根据不同学生的文化背景、已有经验以及表现方式，使学习更加切合学生实际并达到高效，这种教学理念从学生各自的优势出发，帮助学生更进一步。如今，我们会发现，教室中白人学生所占比例越来越小，这些学生也许并不知道应该怎样管理自己的学校生活。值得注意的是，所有的学生，不管他们来自哪个种族，在认知方式、行为以及性情上都受到了本族文化潜移默化的影响，自然而然的，这些特点也伴随着他们来到了学校。我们应该了解他们各自的文化，并试图去理解他们的个人信仰、价值观、生活态度、处事准则以及选择倾向，更重要的是，我们要帮助他们在班级中受到重视，建立自信，有融入感。与学生认知和心理图式相悖或者和他们观察世界方式不一致的学习环境不利于学生的学习。（Gay，2000）

拥有独特价值观和信仰的西方文化或许会与其他文化产生冲突。

在不同的文化背景下，社交以及认知行为各不相同。

沉默与交谈都有可能是正常的。

单独行动与团队合作都有可能受到重视。

尽管我们可能对某种文化有大致的认识，但是我们的学生也许并不完全符合这种文化描述的情况。他们既是文化的继承者，同时也是单独的个体。只有通过和学生交谈、观察学生、与学生进行讨论、提问学生，才能帮助教师更好地了解每个学生的需求。

当教师做到尊重不同文化，并尝试提供与之相关的教学资料和素材，进而在不同文化间搭建起沟通和理解的桥梁时，学生的学习也会变得更有意义，同时，家长与学校的沟通也会更加轻松。根据不同的学生提供不同的教学内容和材料，可以更好地满足来自不同文化背景学生的需求。

大众文化差异

种族文化差异的重要性不言而喻，除此之外，将教学与学生各自认可的大众文化联系起来也是十分重要的。了解学生所喜欢的大众文化可以帮助教师在教学过程中更好地联系学生实际，尊重学生偏好，并且使学生参与到课堂活动中。

不管是少年偶像、流行歌手，还是电影中的角色、电子游戏，或是某种流行趋势，如果教师能够了解并且关注学生在学校之外的爱好，学生便会特别地开心。如果教师可以做到尊重学生课外的兴趣爱好，并将其和教学联系起来，学生会从教师那里获得更多的认同感，同时也会更加喜欢上学。

但当一位教师还没有与学生实际建立联系时，他也许可以先去创建一个全面的学生学习档案，用于仔细考查如何更加周全地设计活动以激发学生的学习兴趣，使学生参与到课堂中。为每个学生建立完整全面的学习档案未免有些费时费力，因此不如从一个小型的学习档案开始。学生可以通过反思性日记或者一周数次的日记帮助教师建立起属于他们自己的学习档案，比如，在日记中向教师反映自己在课上喜欢哪个环节，觉得哪个环节无聊，或者希望教师加入什么新的活动。

开始观察学生并从学生身上收集信息，有意识地根据学生的反馈调整课堂，为学生提供更多的选择，这些改变都可以帮助教师了解学生的爱好和兴趣。

章后反思

在专业学习共同体中，不妨一起讨论或研究一下如下问题。

1.你如何了解你的学生？你会使用什么样的方法？

2. 你如何激发学生最突出的智能？你如何鼓励学生开发其他智能？

3. 你如何提高学生和家长的多元智能意识？

4. 请你运用表 3.11 中的建议，证明学习风格和多元智能是不同的。

5. 当你对课堂或者单元教学进行检测时，你尊重了学生的性别差异吗？

6. 通常有哪些有代表性的文化？你了解些什么？

7. 对于那些在课堂和学校中出现过的各种文化，你是否在自己的课程中为学生提供机会，帮助其建立起不同文化之间的联系？

8. 你们的学生对什么样的大众文化感兴趣？你能为此搭建什么样的桥梁？

4 评估学生

正如同一种尺寸不能满足所有人的需要，同一种评估方式也不能适合所有的学生。对于学习内容和学习技能，不同的学生拥有不同的先前经验，也有不同的理解。（Donovan et al.，2005）

我们可以拿起衣服看看它的样子，但是只有试着穿上时才能知道哪里不合适，需要怎么改动。我们可能需要更换尺寸、款式或者颜色。所以在评估学生的学习时，我们需要用不同的方法去检查是否适合，并进行调整。

在教育教学中，我们常会因为没有清楚地界定概念而混淆评估（assessment）、评价（evaluation）和评分（grading）这三个词。评估通常指收集数据，评价即定性，评分是为报告成绩而给出字母等级或分数。（Rolheiser et al.，2000）

在过去的十多年里，我们对评估有了更广泛的表述，以下是与评估有关的术语汇编。

术语表

真实性评估：学生通过完成一项真实的任务来表明其对概念和操作技能的掌握程度的一种评估形式。

电子成长记录袋（电子档案袋）：学生学习表现的数据化汇总，体现某个时间段他们的优点、需求、进步和结果。

形成性评估：持续性地通过收集分析数据来制订教学计划，从而评估学生发展的过程。

成长记录袋（档案袋）：反映个体学生学习样本的证据。

预评估：为了解学生的已有知识、准备状态和兴趣爱好，在一个主题或者单元的学习开始前进行的形成性评估。

终结性评估：在一个教学阶段结束时对学生的掌握水平及其对知识的理解的一种最终的评价。

形成性评估

形成性评估是一种旨在促进学习的评估（Stiggins et al., 2006），它包括预评估以及在某个时间节点为判断学生的掌握水平从而评估下一步要采取什么措施帮助学生达成标准而开展的持续性评价。

差异教学是由数据支持的。只有考虑到学生的已有知识、能力、兴趣和偏好，教师才能做出教学决策。评估推动教学：先进行预评估，然后在整个学习过程中进行持续的形成性评估。

有了清晰的目标，教师就必须开展持续的评估才能保证教学的"量体裁衣"和通过数据记录学生的进步。（Earl, 2003）

终结性评估是用于一个学段结束时检查已经发生的总体学习结果。将预评估和终结性评估的结果进行比较，能够体现学生的发展。

形成性评估需要做的第一件事情就是进行预评估，了解学生的已有知识和能力。做高质量的评估是要花时间的，但是这个过程是有价值的。当教师调查并了解了学生对即将学习的主题的掌握程度和感受、对单元学习的兴趣，就能更加容易制订出个体和小组的学习计划。

预评估的目的

评估学生的已有知识能帮助教师发现很多问题：

- 对于这一单元学生的已有知识；
- 学生已经理解的标准、目标、概念和技能；
- 为了进一步掌握还需要哪些教学指导与机会；
- 哪些方面还需要重教或者提高；
- 不同的学习领域带给学生哪些兴趣与感受；
- 如何弹性分组：全体学生（Total），个人学习（Alone），两人一组（Pairs），小组学习（Small）。（TAPS 原则）

当以高成就作为目标时，评估学生的一个重要方面就是了解他们已经知道了什么。这种了解建立在他们的已有知识和经验基础上，通过预评估，教师就可以规划课程和设计教学来满足个体与全体学生的需要。书面测试是预评估的一种形式。

试试这个方便好用的技巧吧！在教学的2—3周前，进行前测。为了评定准确，测试的题目应该多样化。这给了教师时间去为初学者、学习能手以及不同水平的学生制订计划。通过进行前测，学生将要学习的所有有趣事物那令人兴奋的种子就已经种在学生心中了。学生需要认识到，他们是通过亲身经历来学习的。由于缺乏经验和机会，在认知方面，他们可能处于菜鸟级别的水平。有时，让学生承认这一点是很困难的。我们必须认识到，预评估工具能够为设计学生所需学习的内容提供必要的信息，要知道，没有人会对要学习的内容的各个方面都擅长。

如果学生已经学会了所教知识，可允许他们进入到该单元的其他学习阶段。而对于那些在预评估前还没有接触到这些知识的学生，则需要教师为他们提供体验的机会，以方便接下来的学习。

让学生理解这一点的一种方法就是列举一些体育活动、喜好或业余爱好，找出在这些方面经验丰富的学生以及对这些知之甚少的学生，要相信后者还有其他的兴趣和特长。我们都很聪明，只是体现在不同的方面。比如说，一个明星足球运动员知道比赛的所有技巧并且能进行长时间的练习，而我们当中参加过足球比赛的人也许知道其基本规则，当然还有其他一些人可能对足球比赛一无所知。这和他们的经验、天赋、兴趣以及在适当的时间处于适当的地点有关，但这和智力没有任何关系。

有些一年级的学生可能在做加减法上有困难。然而，如果以钱为单位来做加减法，你会发现他们已经会去商店花钱，并能带回零钱。实际上，这些孩子能够使用加减运算的原理，经验和生存都教会他们这一点，而其他学生也可能没有这些相同的经历。

前测

- 包括在整个学习单元中为评估教学结果设定的所有问题和任务。
- 包括从简单到复杂，以及从具体到抽象的理解。
- 在测试中，为了使测试题目能反映相应的知识点和学生的知识空白，要按照相同的标准将所要测试的问题进行分组。
- 回忆事实。

● 请学生用不同的方法、形式或在不同的情境中使用他们已经知道的信息。

● 能对诸如图表和曲线图做出解释。

● 允许学生使用画图、解释或论证等形式。

● 提出开放性问题，引出更多的信息。

非正式的预评估

● 使用教具进行展示，如果合适的话，展示它的应用。

● 采用兴趣调查。

● 和学生谈话，找出他们想学什么以及他们对所学主题的感受。

● 分析前测数据，这样你就能制订教学计划。

排列等级

● 合理地采用灵活分组的方式。

● 制订单元学习或主题学习的时间表。

● 分析学生对知识的掌握水平，统计处于各个水平的学生人数。

● 根据教学标准以及所要教授的概念和技能，确定学生达到了怎样的掌握水平，如：

_____ 出乎意料（理解、应用，能把知识转移到其他情境中）；

_____ 掌握了知识（基本的理解）；

_____ 接近掌握；

_____ 入门级的、新手水平或者正处于开始阶段的。

然后，可以为学生制订符合其掌握水平的学习计划。

还有其他有效的工具和策略可用来对学生的知识进行前测。情感和感受对学生学习知识的方式起着非常重要的作用。如果一个人在过去有过一段糟糕的经历，并且正在学习的知识或正在做的事情触发了那段记忆，那么就会形成障碍，阻碍新知识的学习。如果这段经历带有特定的目的、积极影响和有趣的体验，学习者就会愿意在主题的引导下学习更多、体验更多。这些预评估工具将感受、情感链以及从过去经历中学到的知识联系在一起，这会对当前的学习产生重大的影响。下面是关于更多非正式预评估工具的一些例子，这些工具可在课程开始时使用，以打开学生的"思维文件夹"，并发现学生具备的素质。

关于非正式预评估的例子

各就各位

这一有效的预评估工具需要全体学生来参与。

1. 在房间的每个角落各放一张包括如下单词和词组（从中任选其一即可）的卡片，这是一种基于学生已有经验的有效分组方法（见图4.1和图4.2）。

几乎从不	有时候	经常	总是
土路	公路	高速公路	黄砖路
我知道的很少	我知道一些	我知道许多	我知道全部

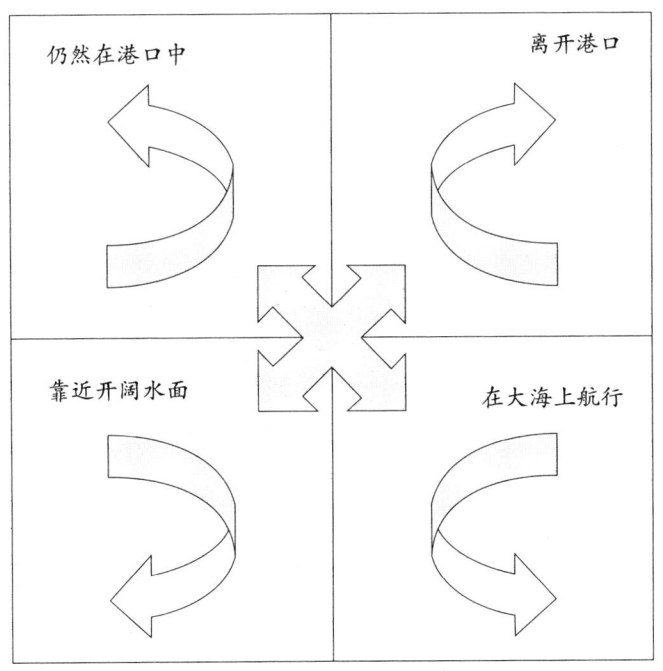

图 4.1 驶向知识的海洋前"各就各位"

2. 让学生站到符合他们学习状态的角落里。

3. 学生站到最符合他们学习状态的角落里，讨论他们对某个主题或事件都知道些什么，以及他们选择某个角落的原因。

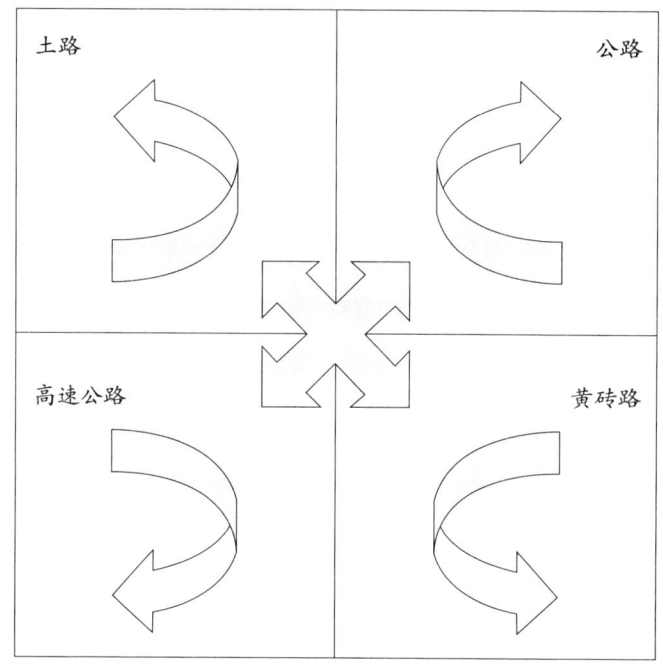

图 4.2　驶向知识的陆地前"各就各位"

"各就各位"的变式

给每个组提供海报纸，让他们写下他们已经知道的知识。某一组可能会对背景知识知之甚少甚至一无所知，那这类学生就可以在海报纸上提出问题或者列出想要学习的知识。

三个角落

在房间里三个指定的位置放置如下标志：

知之甚少或一无所知　　　知道一些　　　　　　知道这方面知识

不知道怎么办　　　　　　能解释一部分　　　能解释

遵循和"各就各位"一样的步骤。

注意：有时候，在到指定地点之前，让学生先坐下来写好他们的选择以及选择某个角落的原因可能更方便些。

盒子法

1. 了解相关主题的核心

在一张纸的中心画一个盒子，在这个盒子的中心再画一个小一点的盒子。

● 在盒子之外

关于这个主题，我都知道些什么？

● 在盒子之内

我想要学习什么？或我的目标是什么？

2. 成功学习了主题后的回报

● 在盒子之外——写下如下问题之一：

关于这个主题，我还知道些什么？

这一观点是如何与这个主题相匹配的？

这一观点和_____有什么关系？

● 在盒子之内

画出关于这个主题的模型或示意图。

创建一个图形组织器来解释这个主题。

● 在盒子中间

总结：写一句话来解释你的想法。

盒子法的变式

● 使用不同的形状，或者让学生选择形状。

● 在全体活动、小组活动或个人活动均可运用。

● 在整个单元的学习中，不断提供新的信息，看看他们学会了多少。

● 再进行一次这样的活动作为后测，将前后测结果进行对比，并反思学生的成长和进步。

应答器

使用应答器，让每个学生都能回答一个问题。在这项活动中，教师经常会使用点击器或个人可擦除的白板。而下面介绍的则是另一种方式（"是/否"应答卡），以评估学生对即将学习的主题、技能或标准了解的程度。例如，教师提出问题，给出了适宜的等待时间，然后说"举起卡片"，这样，教师就能马上收到每个学生的反应，即哪个学生知道、哪个学生不知道的总体印象。请记住，这是一种非正式的评估。

"是／否"应答卡可以设置为单面的或双面的。

使用单面"是／否"应答卡

● 给学生两张空白的记事卡片或纸片。要求他们在一张上写"是"，在另一张上写"否"。

● 当提出一个问题时，学生应举起一张卡片——如果了解这个问题就亮出"是"那一张；如果不了解，就亮出"否"那一张。

例如：

1. 提问学生即将学习的单元词汇表中一些单词的含义。给出一个单词，如果学生知道这个单词及其含义，就举起"是"那一张，如果不知道这个单词和单词的含义，就举起"否"那一张。

2. 让举起"是"那一张的学生给出单词的含义。通过这种方式，学生就会知道你在检查他们的反应。

3. 使用一些出现在即将学习的单元中最有趣的知识和单词，从而唤起学生对即将学习的主题的期待。

4. 提醒学生，如果他们不认识这些单词，他们将从即将学习的单元中学到更多关于这些单词的知识。

> 可以将此活动变得更有创意，为你的课堂设定一套固定用语，并写在卡片上。比如"知道了"（"是"）和"不知道"（"否"），或"+"（"是"）和"-"（"否"）符号。

使用双面"是／否"应答卡

教师可能更愿意使用双面"是／否"应答卡。在这种情况下，学生或教师可以准备卡片，每张卡片的正反两面都分别写上"是"和"否"，"是"写在上面，"否"写在下面。当教师提出问题，学生举起卡片，手指捏着靠近所选答案的部位。双面卡具有以下优点。

- 当学生举起"是 / 否"卡，全班每个学生都能看到正确答案。
- 学生在对教师的问题做出回应之前，可以考虑"是"和"否"两种答案。
- 教师可以判断学生手指的动作。例如，有些学生会直接找出正确的答案，捏住卡片；而有些学生的手指则在卡片上下来回移动，一时不能决定哪一个是正确答案。由此教师可以看出哪些学生是有把握的，是知道答案的，哪些学生是仍然不确定正确答案的。

关于结合学科内容使用应答卡的例子

教师还可以根据具体学科的具体主题来定制应答卡。这些卡片可以在学生学习之前、学习过程中和学习之后使用，有助于检查和复习。在每一次使用的过程中，学生可以展示他们所知道的知识，同时，对学生和教师来说，快速视图分析也成为形成性评估的良好资源。以下是在各学科领域里使用应答卡的一些实例。

数学
- 加、减、乘、除
- 方形、圆形、梯形、矩形
- 质数、合数

社会课
- 亚洲、非洲、北美洲
- 平民、律师、独裁者
- 北、南、东、西
- 农场、沙漠、雨林

科学
- 无脊椎动物、脊椎动物
- 陆地、海洋、天空
- 假设、问题、结论
- 沉、浮

语言艺术

- 显性、隐性
- 名词、动词、形容词
- 非小说、小说
- 主语、谓语

艺术与音乐

- 古典音乐、迪斯科、乡村音乐
- 弦乐、打击乐、圆号音乐
- 文艺复兴时期的艺术、巴洛克艺术、现代艺术
- 水彩画、油画、粉笔画

所有科目

- 原因、结果
- 事实、观点
- 开头、中间、结尾
- 理解、不理解
- 有、没有、有点儿
- 快乐、一般、悲伤

应答器的变式

- 给每组伙伴或每个学生小组一张卡片，但不是给每个学生一张卡片。问题给出后请小组确定达成一致所需的讨论时间。这段时间里，学生们需在达成共识之前确定自己的答案以及为什么它是正确的。教师倒数："1，2，3，告诉我！"每组由一名组员出示答案。
- 在使用双面卡时，要确保正反两面相同的字位于相对的位置。这样一来，当学生捏着卡片时，学生自己可以看到正确答案，教师和其他同学也能看到这个学生的选择。

事实涂鸦

制作一块事实涂鸦板。学生将所知道的有关学习主题的所有知识粘贴到涂鸦板上，具体包括：

- 我们所知道的；
- 我们所学到的；
- 接下来我们想学习的。

给学生时间来独立处理问题和思考答案。鼓励他们在与组员分享之前，先把自己的答案写下来。起初，先让学生单独回答问题并记下他们的答案。然后，鼓励学生把自己的答案写在事实涂鸦板上，以确保问题答案的所有权。

事实涂鸦的变式

- 该工具可以作为学习过程以及学习之前的一种持续性评估。
- 在教学的1—3周前张贴涂鸦板，以便学生有时间添加他们所知道的，并且还有时间研究相关主题，进而在单元学习开始之前，能够添加他们正在学习的知识。

调查工作

设计高质量的调查表

教师了解教学目标、目的以及知识点。教师要经常进行调查，因为学生的兴趣会随着他们的成长而改变。表4.1至表4.4所示的这些工具能帮助你更好地了解你课堂上的学习者。

调查可以帮助你了解学生对即将学习的单元的先前知识或已有经验（内容方面的调查）。它们可以帮助你设计适应学生学习偏好和兴趣的表现性任务（学习偏好或兴趣方面的调查），也可以给你很多有关课堂布局安排和分组教学的建议（社会调查）。

调查表的变式

- 让学生参与其中！为学生设置一个问题调查箱，收集学生要问的问题。

● 在一个学习任务或测试结束时，插入一些调查问题或介绍。你可以继续加深对学生的了解，而且，如果学习任务提前完成，这种调查还可以用来有效利用剩余时间。

● 使用应答卡来回答调查问题，但这些问题要符合问答形式。

表 4.1　兴趣调查表

	几乎不	有时	经常
1. 我喜欢编歌曲。	_____	_____	_____
2. 我喜欢尝试做很难做的事情。	_____	_____	_____
3. 益智游戏能吸引我的兴趣。	_____	_____	_____
4. 我喜欢把东西拆开再组装。	_____	_____	_____
5. 我喜欢创造。	_____	_____	_____
6. 我需要通过动手操作来学习。	_____	_____	_____
7. 我是一个意见追随者。	_____	_____	_____
8. 我是一个领导者。	_____	_____	_____
9. 我更喜欢一个人学习。	_____	_____	_____
10. 我喜欢阅读。	_____	_____	_____
11. 我更喜欢和他人一起学习。	_____	_____	_____
12. 我喜欢自己画画。	_____	_____	_____
13. 我能在脑海里看到视觉图像。	_____	_____	_____
14. 我养了至少一只宠物。	_____	_____	_____
15. 我喜欢动物。	_____	_____	_____
16. 比起在室内，我更喜欢待在室外。	_____	_____	_____
17. 比起在室外，我更喜欢待在室内。	_____	_____	_____
18. 我喜欢学校。	_____	_____	_____
19. 我不喜欢学校。	_____	_____	_____
20. 如果学校……那就更好了。	_____	_____	_____

21. 如果我有空余时间，我更喜欢
a._____
b._____
c._____
22. 我不喜欢_____，因为_____。
23. 其他补充说明：
a._____
b._____

表 4.2　数学兴趣调查

姓名：_____
地址：_____
家庭电话：_____
日期：_____
具体课程：_____
你的回答将使我更了解你，谢谢！
1. 我最喜欢的两三项活动是_____
2. 其他一些我喜欢的活动是_____
3. 我最喜欢的学科是_____
4. 在闲暇时间，我_____
5. 电视节目中，我喜欢看_____
6. 我听的音乐是_____
7. 我认为教师应该_____，并且_____
8. 我喜欢的电影是_____和_____
9. 我喜欢我的家是因为_____

10. 我不喜欢学校是因为 _____
11. 我喜欢学校是因为 _____
12. 朋友是重要的，因为 _____
13. 我遇到的最有趣的人是 _____，因为 _____
14. 在家我要做的家务是 _____
15. 在学校之外我的工作是 _____。多久一次？
16. 我在 _____做志愿者。多久一次？ _____
17. 如果我有 500 美元，我会 _____
18. 我在这个数学班学习是因为 _____
19. 我认为这门课学起来将是（容易的／困难的），因为 _____
20. 我感到学习这门课很开心，因为 _____
21. 我很害怕学习这门课，因为 _____
22. 要在这门课的学习中取得成功，我要做的事情是 _____
23. 阻碍我成功的因素有 _____
24. 我希望你了解我的事情是 _____
25. 其他补充说明：_____

表 4.3　外语兴趣调查（让我开始了解你）

姓名：_____
年龄：_____
日期：_____
班级：_____
你的回答将使我更了解你，谢谢！
1. 我最喜欢的两三项活动是 _____
2. 其他一些我喜欢的活动是 _____
3. 我最喜欢的学科是 _____
4. 在闲暇时间，我 _____
5. 电视节目中，我喜欢看 _____

6. 我听的音乐是 _____
7. 我认为教师应该 _____，并且 _____
8. 我喜欢的电影是 _____和 _____
9. 我喜欢我的家是因为 _____
10. 我不喜欢学校是因为 _____
11. 我喜欢学校是因为 _____
12. 朋友是重要的，因为 _____
13. 我遇到的最有趣的人是 _____，因为 _____
14. 在家我要做的家务是 _____
15. 如果我有 500 美元，我会 _____
16. 我在这个西班牙语班学习是因为 _____
17. 我认为这门课学起来将是（容易的 / 困难的），因为 _____
18. 我感到学习这门课很开心，因为 _____
19. 我很害怕学习这门课，因为 _____
20. 要在这门课的学习中取得成功，我要做的事情是 _____
21. 阻碍我成功的因素有 _____
22. 我希望你了解我的事情是 _____
23. 其他补充说明： _____

表 4.4　学科具体内容调查的预评估

说明：就关于 ____ 国家的每个话题，写出你所知道的信息。很快，我们就要学习它。
注意：研究一个国家，诸如加拿大或墨西哥，可以关注以下几方面的信息：
● 历史
● 工业
● 信仰
● 政府
● 庆典、节日、假期和宗教仪式
● 地理和方位

续表

学生可以用表格、图、符号和词语来组织他们的信息。		
历史	工业	信仰
政府	庆典	地理

可以使用一个"四角预评估"表格来了解和评估学生先前的知识。下面这个例子只是获取信息的一种方式。你可以把任何能使你获取自己想要的信息的问题放到表格里。在单元学习开始前的一到两周，可以把表格当作一张门票发给学生。

关于爬行动物，你了解多少？	关于爬行动物，你要提的两个问题是什么？
关于爬行动物，你有什么好的研究项目？	你想和谁合作一起学习？

在学习过程中使用形成性评估工具

学生在学习时需要我们提供机会，使教师、同学给出反馈，自己进行反思。没有反馈，就没有改善和进步。如果我们一直等到学习结束再提供反馈，可能为时已晚，不正确的知识或技能可能已经慢慢形成。以下是一些采用各种非正式的方式来评估学生在学习过程中的进步的具体策略。

用拇指示意理解程度

让学生用自己的拇指来做出回应，以对他们的知识理解程度做出评估。

现在，对于 ×× 知识，我理解到了什么程度？

a. 拇指向上指　　　b. 拇指在水平位置（向旁边指）　　　c. 拇指向下指

知道很多　　　　知道一些　　　　所知甚少

拇指策略的变式

● 请记住，这种方法可用于学生在排队的时候。用拇指示意比较安静，学生在等待的时候，也都能参与其中。

● 这个工具可以用来评估个人、伙伴或小组在完成一项任务时的进展，反映了小组工作中谁需要帮助，谁需要在任务时限之前做一些事情。

a. 拇指向上指   b. 拇指在水平位置   c. 拇指向下指

已完成   再需要几分钟   完成一半了

● 只用两种手势！在学生刚开始进行一项任务时，学生可能需要弄清楚任务的方向，或需要教师解释一个术语、概念或者一份学习材料，此时就可以用这种方法。

a. 拇指向上指   b. 拇指向下指

为开始工作做好了准备   需要帮助

● 不动拇指，使用其他的身体动作如站立、弯腰或坐下来等，以表示不同的理解程度。这在学习任务开始前为学生提供了拉伸肢体的机会。

用五指示意理解程度

让学生用自己的手来展现自己的理解水平。展示五个手指表明理解的最高水平。

我对此掌握得怎么样呢？

1 2 3 4 5

5——我对此非常了解，我可以给任何人解释。

4——我可以独自完成。

3——我需要一些帮助。

2——我需要更多的实践来理解。

1——我刚刚开始理解它。

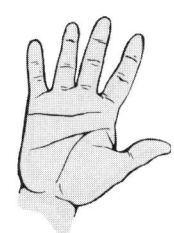

五指策略的变式

● 使用数字 1 到 3，表示你的三种不同理解程度。

1——完成了一项任务。

2——还需要补充一些资源或材料才能完成。

3——刚准备好开始完成任务。

用面部表情示意理解程度

1. 让学生在便条纸上画一张笑脸、一张平淡无表情的脸和一张哭脸。

2. 讲解关于所讲主题的信息，可以让学生用一种情绪来回应讲解的内容。

3. 要求学生举起符合自己理解程度的表情便条纸。

4. 用双手的运动去模仿面部表情。把手翘起来弯曲成曲线代表快乐的脸，把手伸直代表平淡无表情的脸，把手向下弯曲成曲线代表哭脸。

表情策略的变式

● 用画有笑脸、平淡无表情的脸和哭脸的便条纸来评估学生对推理的理解。可以用现实或小说中的人物来做这项活动。

　　a. 人物有怎样的感受呢？

　　b. 这个人物周围的其他人感觉如何？

　　c. 如果你处在相同的情况下，会有何感受？

努力向上伸手臂

1. 告诉学生向上伸展一侧手臂，直指天空。

2. 指导学生举起另一只手，放到伸展的手臂上，就好像它是一个标有 2、4、6、8 级的臂规。数字 2 是在肩部，数字 4 和 6 沿手臂向上移动，数字 8 是在指向天花板的手指上。这使学习成为一个快乐的庆祝活动。

　　当每个学生将他的手靠在举起的手臂上时，教师快速扫视全班，检查学生的理解情况。

手臂策略的变式

● 学生弯曲手臂并垂放在地板或桌面上，然后用自己的另一只手来表示自己理解到了什么程度。从肘部开始，逐渐移动到指尖，并指定 2，4，6，8 四个点。这其实就是一个人体李克特量表[①]。

速度表读数法

1. 让学生想象汽车上的速度表，或在画板上绘制一个。向学生解释，速度表告诉我们汽车在以多快的速度行驶。汽车启动时速度是每小时 0 英里。它的最高速度为每小时 100 英里。

2. 让学生把一只手放到另一只手的手臂上，同时用手触摸另一只手臂的肘部。

3. 要求学生移动位于上面的手来表示每小时 0 到 100 英里的"速度"，即他们通过这种"速度"来表现的他们理解程度。例如，懂得很多的学生可表示出每小时 100 英里的"速度"，知道一点点的学生可能会表示出每小时 30 英里的"速度"。通过这种方式，就可以了解学生的理解程度。

速度表策略的变式

● 让每个学生找到一点私人空间来做出回应，这种方法不仅可以给教师提供反馈还可以让学生进行额外的身体锻炼。

| 快速跑步到位 | 以正常的速度走到位 | 缓慢行进 |
| 我完全理解了 | 我快要理解它了 | 我没能理解它 |

学习之后的反思

对学习展开反思是元认知的一个重要步骤。通过一些活动，教师可以鼓励学生思考他们已经学会了什么。

---

① 李克特量表（Likert scale）是由美国社会心理学家兰瑟斯·李克特（Rensis Likert）在原有量表基础上改进成的。该量表由一组陈述组成，每一陈述有"非常同意""同意""不一定""不同意""非常不同意"五种回答，分别记为 5、4、3、2、1。每个被调查者的态度总分就是他对各道题的回答所得分数的加总，这一总分可说明他的态度强弱或他在这一量表上的不同状态。——译者注

环绕式整理反思

1. 参与者围成一圈。

2. 每个人轮流陈述……

a. 今天学到的知识或经历的活动中，有哪些将来可以迁移运用？

b. 关于今天，今后会一直记得的是什么？

c. 从这一阶段的学习中获得的惊喜或顿悟_____

d. 我已经学会了_____

e. 我希望学习_____

环绕式的变式

● 形成几个小的学习小组圈，每个人都从一天的学习中分享一件精彩的事。

● 每个学生写下自己三个重要的学习发现。他们围成一圈讨论，不能重复已经被其他成员说过的内容。这为活动增加了竞争性，并会使学生产生更多的想法。

谈论所学的主题

1. 请学生组成 A/B 搭档。

2. A 向 B 讲述有关当日所学主题的一个事实。

3. B 给出另一个事实。

4. 搭档之间不断交换事实。

谈论主题的变式 A

● 每个学生写出他已经学会的两个重要知识。组成 A/B 搭档，A 分享一个他已经学会了的知识，B 分享一个他已经学会了的知识；A 分享另一个自己已经学到的重要知识，然后 B 再分享另一个自己已经学到的重要知识。

谈论主题的变式 B

● 组成 A/B 搭档。A 开始回顾一个话题、概念或正在学习的规则。回顾过程中，教师可以给出一个信号，如拍手，A 暂停回顾，B 在 A 停下的地方继续 A 的回顾。教师再次拍手，A 继续回顾。把该过程尽可能多重复几次。在最后一轮回顾之前，教师拍手说："快速完成剩余的回顾并结束这项活动。"

谈话圈

1. 组建若干组的谈话圈，每组三个学生。

2. 把三个学生分别称作 A，B，C。

3. A 开始谈话，直到出现停止信号结束谈话。

4. B 继续这个话题。

5. 出现停止信号，B 结束谈话，C 拾起话题再讨论。

6. 持续进行下去，直到没有更多的事实或想法可以添加到该主题上。

甜甜圈

1. 画一个甜甜圈的形状。

2. 在外圈写上，"我正在学习……"。

3. 在里圈写上，"我知道……"。

4. 要求学生分享他们对学习主题都了解些什么，将他们的回答写在甜甜圈上。

甜甜圈的变式

● 学生形成内外圈，围成一个甜甜圈的形状。在内圈的学生面朝外圈的学生站立。每个学生分享他所知道的学习内容。然后，内圈的学生顺时针移动，外圈的学生逆时针移动，以这种方式继续分享知识。

旋转反馈

1. 在房间四周张贴海报纸，在每张海报纸上写下一个和当日所学相关的话题。

2. 每个位置分配一个小组。鼓励各个小组就写在海报纸上的话题分享观点和看法。

3. 让各组派一名记录员将大家想出的好想法填写在海报纸上。

4. 给出小组停止说话的信号。让各个组移动到下一张海报纸处，并对相应的主题继续分享和记录。

5. 各个组持续在房间里移动，按顺序查看每张海报纸并表达想法。

6. 当所有组观看了全部海报纸，需要花时间来复习回顾。在他们最后看到的海报纸前，要求每个小组整理上面的所有信息，并向全班报告。

传递海报纸

这项活动需要使用几张大的海报纸。

1. 在不同的海报纸的顶端写下一个不同的所学内容的主题。

2. 让每组进行头脑风暴，并写下关于这个主题所知道的内容。

3. 每组把写好的海报纸传递给下一组。

4. 下一组阅读纸上所写的所有内容，然后针对这个主题，补充他们所知道的其他内容。

5. 下一组把纸再传递给下一组，同样，再下一组也添加他们所知道的内容。

6. 这个过程一直持续到所有的组都为所有所学主题贡献了知识。

7. 在最后一轮传递中，小组为海报纸上的叙述内容找出相应的参考资料。

8. 在每一处参考资料旁边，教师引导学生标上相应的页码和（或）出处。

9. 全班学生分享和张贴所有的海报纸。

把它画出来

1. 每一组需要一张大号的海报纸和一支马克笔。

2. 搭档之间相互讨论，确定当日学习过程中的一个重要场景。

3. 决定之后，第一个学生开始画图。

4. 第二个学生往图画上添加内容。

5. 搭档之间互相交换马克笔，直到完成这幅画。

6. 教师要向学生展示，如何使用这幅图画作为学习场景的图形组织器。

7. 引导学生进行头脑风暴，把学到的与主题相关的事实写在场景图画的周围。

8. 在单元学习的过程中，不断地让学生在场景图画周围添加学到的事实。

9. 在测验或者图画式测验前，鼓励学生把小组合作形成的图画用作复习资料。

更多的想法

从下面的清单中选择合适的条目。制作一个数据信息板，并在选定的每个条目中为学生留有反馈的空间。学生对合适的问题做出回答，并且将答案张贴出来。在单元学习过程中，学生可以一直往数据板上添加信息。

B——我带来了什么

W——我想要什么

L——我学到了什么

S——对下次活动的建议

Q——我想到的问题

G——各种猜想

P——我额外的收获

M——我仍旧不明白的地方

I——我的发现

R——我的一个请求

F——喜欢的方面

D——讨厌的方面

T——请教教我

- 日记：学生需要一些时间，把请求、意见、疑问和反思等内容写在日记中
- 在各种图形组织器中添加数据
- 调查和访谈
- 会议
- 演出
- 前测和后测
- 学习成长记录袋

终结性评估

当学生即将学完课程时，给他们布置任务，即终结性评估。这些评估内容可以把学生的学习情况、小组和个人遇到的困难，以及学生对当前情况的感受反馈给你。可以尝试下面列出的提示语。

个人

- 今天我学到了……明天我需要学习……
- 今天我感到……因为……
- 我想把今天描述为＿＿色（颜色），因为……

- 我希望我们接下来……
- 用一个词来形容今天，那就是……
- 我感觉自己在……的过程中就像一只_____（动物名字），因为……

小组

- 今天，当我们团队……时，我感觉我们很了不起。
- 明天我们要……
- 如果为我们今天的学习创作一首主题歌，可以是……

持续的形成性、真实性评估任务

一个真实、复杂的任务要求学生在一种真实的、以现实世界为背景的情境下进行。它通常能使学生投入其中，受到激励，让他们有创造的动机，而不是随着时间的推移复制自己学到的知识和获得的理解。（Burke，2009；Prestidge，2000；Wiggins et al.，1998）这种真实性评估任务可以是教学活动中的一部分，比如一个小的学习项目，一些结构不佳的问题或两难问题，或是示范、演示或角色扮演活动。这些任务要求学生以模拟真实情况的方式来证明他们对知识的掌握情况。在这种活动中，知识和技能得到了实践和应用，并且学生以最佳的方式把对知识的掌握情况展示出来。通常这个过程包含了相互合作和高阶思维。

在课堂里随处可见教师使用真实性策略培养学生的技能，这些技能是《共同核心州立标准》提出的。很多教师还利用真实的工具来评估各种标准的达成情况，使学习与评估相配套。例如，当学生完成一个项目时，对他们的评估不仅要看他们在整个项目实施过程中的努力，还要看他们对项目的最终报告。

通常在整个教学过程中，会使用评估量规或清单来对学生进行评估，从而使学生、家长和教师理解制定的标准及期望，并在整个过程中评估学生的进展。

成长记录袋也正在广泛应用于课堂上，它是学生、教师和家长之间进行反思、持续性开展对话和设定目标的工具。

形成性评估应该提供持续的反馈，这是学习过程中一个必不可少的组成部分，而不是在学习结束后进行。有研究表明，反馈往往因为太少、不及时、太模糊以及以错误的形式呈现而缺乏效果。（Jensen，1998a，p.54）反馈必须是具体的，而不仅仅是"干得好"。"你用首字母用得很好，现在你需要把重点放在句子中逗号和句号的使用上"就是一个具体的反馈，它不仅指出了学生做得好的地方，而且指出了下一步应该做什么或需要怎么做。我们知道，为了提高运动员的表现，教练提出的能力要求应具有一致性。我们面临的挑战是要找到办法，以便为学生提供持续的反馈，增加他们继续成长和促进学习的机会。

有研究者发现，当研究评分等级对学习的影响时，等级本身并不能提高学生的学习效果和成功率，反馈加上评分等级，也不是很有效。（Black et al.，2009）当学生拿到一份书面作业或一次任务完成后的评分等级和反馈时，他们更注重评分等级以及他们在同学中排名怎么样，而不是思考教师反馈的信息并继而设定提升的目标。因此，只收到持续、具体的反馈的学生完成任务的情况比只得到评分等级的学生要高 60%。

和不给学生反馈足够的细节信息一样，用参照标准或外部产生的结构化评估（往往被误认为形成性评估）来检查学生的学习进度往往也不是那么有用。只有更具体、精确的反馈才是对学生有价值的，才能对教师的正确教学决策起作用。（McMillan，2007；Popham，2006；Shepard，2006）

针对真实表现的评估

评估工具包括评估量规、逸事笔记、清单、日记记录、学生作品样本、自我评估和会议记录。这些工具用于评估各种类型的学习活动，从角色扮演到项目开展。学习应该是主要的目标，但是取得满意的评分等级往往成为主要关注点。对学生进行精确的评估是一个复杂的任务。

例如，要求学生解决数学方面的一个问题，教师可以先要求他们把这个问题用图画形式表现出来，然后再给别人解释这一问题。在阅读中，学生可能被要求先阅读文本中与某一关键点相关的一个人物，然后画出这个人物，并把人物放在文本描述的场景中。或者，他们可能被要求去扮演这个角色或找到背景音乐来描绘人物在故事特定情节中的情感。

这些都是让学习者理解意思、诠释内涵的真实策略。其中一些可能以书面形式进行评估，但大多数需要一个真实的评估工具，以配合真实的任务。表 4.5 列出了任务和具体的评估方法，教师可以通过更真实的方式来评估学生的学习。同时，教师需要当面传达给学生明确的期望和标准，让学生明确要达到的目标，并为之努力。

表4.5 表现性评估的例子

语言方面的	视觉-空间方面的	身体-运动方面的	音乐-节奏方面的	逻辑-数学方面的
● 计划一次旅行。 ● 进行小组会议。 ● 设计一次脱口秀。 ● 上一节课。 ● 完成一个作品集。 ● 开展一次调查。 ● 写一篇社论。	● 制作一个壁饰。 ● 制作一个小册子。 ● 做一套服装。 ● 设计一个PPT。 ● 画一张插图。	● 开展一次示范演示活动。 ● 进行一次角色扮演。 ● 进行一次木偶表演。 ● 演示一次实验。	● 编排一支舞。 ● 为一首歌写歌词。 ● 创作一首诗。 ● 写一首说唱歌曲。 ● 创设一种庆贺方式。 ● 制作一张有主题曲的CD。	● 制作一张流程图。 ● 制作一张时间表。 ● 展示一步步的过程。 ● 为事件的演化排序。 ● 编写一个"如何做"的指导手册。

为了给出更准确的评估报告，教师可以采用如下内容作为支撑评分等级的证据：分数，成长记录袋，关于个人表现的具体数据的评论部分以及帮助学生和教师讨论学习需求和知识掌握情况的家长会。

学生的选择

教师正在尝试多种方式，让学生展示他们所知道的知识。一位教师在设计考试方案方面一直颇有创意。她为学生提供两种考试方案。第一种方案是传统的，学生要从20个关于体积和面积问题的答案（有正确的也有错误的）中做出选择，学生只能凭借自己头脑中记忆的组成公式，但不允许使用计算器。使用正确的公式、选对答案和标记正确都给分。第二种方案则允许学生在考试时使用计算器和公式表，问题在于，他们要把知识应用到实际生活中，因而不是追求数字上的精确。考题中出现了真正的雪糕筒或草坪洒水装置的图形，并且体现了公式在我们日常生活中的实际应用。

第二种方案涉及深入的思考和多步骤的问题解决，并且允许有不同的答案。

这位教师说，一些学生因为考试可以有选择权而倍感兴奋，而有些学生则显得很犹豫，他们不知道哪种方案对他们来说是展现知识水平的最好的测试。有些学生甚至还搞不清楚为什么老师对错误的答案也能给一些分。

成长记录袋

什么是成长记录袋

成长记录袋就是为了基于某些具体的目标，收集那些可以反映学生学习情况的资料，从而为学生应用和理解特定概念或技能的情况提供支持和依据的评估工具。成长记录袋可以识别学生的进步，展示出学生取得成功的证据，支持评估和评分，并且包含"学生还需要学习什么"的一些资料。这是一种可以促进学习过程中持续性反馈和反思的方式。

电子成长记录袋是一种数字化的收集学生学习情况的文件夹，学生可以在其中展示作业、具体作品、项目报告和其他文件，以体现目标完成的情况。学生可以通过调整学习来进行自我评估，同时给出个人反馈和反思。教师和同学也能提供具体的反馈。学生可以自行评估自己的学习并且提出意见，列出待办事务的清单和进行反思。

我们为什么要使用成长记录袋

理查德·斯蒂金斯（Richard Stiggins）认为，成长记录袋就像是有声的彩色视频，比一张张试卷更加形象生动。（Stiggins，1993）它能提供更全面、饱满的图片，并且能提供支持性的证据证实已经给出的反馈或分数。它还鼓励学生结合学习目标对自己的学习进步负责，并进行反思。成长记录袋里包括成长的证据，还有学习任务，以及定期添加的体现学生进步的最初资料样本。成长记录袋中必不可少的一部分是师生之间、生生之间发生的关于质量和标准的持续对话。这使得学生能够反思自己的学习，并分析学习质量和设定目标。

我们如何使用成长记录袋

通常情况下，成长记录袋需要大家合作完成，教师和学生都参与其中，选择一些资料放在成长记录袋里。教师会设置选择的标准，并允许学生做出多种选择。有些教师用彩色圆点来标明已经包含在内的资料：用红点标明学生所选的作品，用黄点标明教师选择的作品，用绿点标明教师和学生共同选择的作品。使用成长记录袋的过程包括四个步骤：收集，选择，反思和实施。（Burke et al.，1994）

收集

基于标准，从年初或单元学习之初开始收集资料。它们可以包括家庭作业、学习项目、书面资料、思维导图、测试成绩、学习任务、视频、书信、图形组织器、实验报告、诗歌、说唱曲、音频文件和书评。

根据学科领域的不同，成长记录袋中的证明材料可以是多样的。

"成长记录袋就像是在讲述一个故事……你放入任何有助于你讲故事的资料。"（Paulson et al.，1991，p.60）

选择

学生根据教师的指导要领选择资料。选择的标准可包括以下方面：

- 最佳学习成果 / 我引以为傲的……；
- 未完成状态的作品等；
- 学生 / 教师的选择；
- 大有改进的作品 / 很难学会的学习内容；
- 特别想选择的或自由选择。

几乎每隔一段时间，学生就要依据这些标准决定哪些资料应该留在成长记录袋，哪些应该被删除。资料可能被删除的原因有多种：

- 在这一方面已经有足够多的证据了；
- 它并没有真正显示出我需要什么；
- 要优先选择新资料。

反思

然后，学生将写出反思，附加到资料上，来解释为什么这一资料会被选中以及它满足什么样的标准。随着时间的推移，学生在最后一项资料后继续添加其他可能反映自己成长过程的资料或者也可以替换某些资料。并不是所有的资料都是最好的，但可以表明成长的基本证据都应收集在成长记录袋里。

实施

反思和对成长记录袋中资料项目的检查可引导学生设定自己的目标。学生能决定下一步该做什么，有什么重点要关注，哪些需要改进以及值得庆祝的是什么。

成长记录袋会议是与他人分享学生成长的有效方式。学生向同学、家长和其他重要的人说明自己的学习情况和目标设定的情况。

每个学生都是一个独特的个体，每一份成长记录袋对学习者来说都将是独一无二的，它显示了学习者的个性和成长过程。

评分

出于许多不同的原因，教师会给学生打分，对学生分级。对于如何评定学生的成绩，似乎没有一个普遍接受的标准。评分往往参照常模进行，且具有主观性。但是，当下为了满足《共同核心州立标准》，如果评分被用于排名，那它们应该是以标准参照为依据，以一致性和公平性为基础。至于应该评估什么以及哪些得到了真正意义上的评估，都是教育工作者一直讨论的重要方面。教师通常出于以下目的对学生进行评分：

- 测量内容和技能的掌握情况——以总结性的方式显示学生在这个学科领域知道什么或者能做什么。
- 以图表来反映进度——交流个人目标的实现情况，并显示在某个学习目标上的学习层次。
- 激励学生——督促学生更加努力或对学生的尝试和努力给予奖励。许多学生都对因等级和分数而获得的奖励感到着迷。
- 给不同的人提供信息——学生上交他们的成绩表来获得认可、奖励、奖学金以及学院和大学的录取通知书。

需要让学生明白评分的过程。斯蒂金斯提醒我们，只要目标清楚、公平且实现目标的时间足够长，学生是可以达成这样的目标的。（Stiggins，2001）往往评分来自期末测试，而期末测试并非以标准参照为依据，也不一定关注标准的测量。在单元学习伊始，就必须和学生分享评估量规及明确的标准，以此使学生知道学习期待和努力方向。

通常情况下，在整个单元的学习中，学习任务和作业都是要评分的，然后取平均值为最终成绩。在单元学习之初和在整个学习过程中评分似乎是不公平的。奥运会选手在决赛前是不给出等级的，也不给出分数，但他们在此期间可以获得有关在整个技能练习和概念理解的过程中他们需要做什么和如何做的信息，选手们以此可以得到纠偏。只在过程中评分对促进持续成长、掌握标准是没有任何帮助的，而且是不可信的，因为知识和技能对学生来说可能是全新的，需要一段时间去练习巩固。一天表现不好或者缺席一次可能影响最终成绩，使它不能准确反映学生的实际水平。正如里夫斯所指出的，我们应该把评估视为诊断身体状况的体检，而不是作为盖棺定论式的尸体解剖。（Reeves，2000）

如果只给出一个最终的测试并评分，它可能无法真实反映学生的知识和技能掌握情况。学生有可能在测试那天感觉糟糕或对测试感到焦虑，也许他们的阅读能力阻止了他们对问题的成功回答。他们对测试内容的有限理解也会阻碍他们的成功。如果测试题目的语言组织很差，或指令（问题）太含糊，这也可能成为阻碍学生展示知识或技能的难题。最终的评估，如项目、表演和展示也能提供有价值的总结性数据，这类评估让有不同特长和爱好的学生以多样化和个性化的方式展示自己。里克·沃姆里（Rick Wormeli）告诫我们，公平不总是等同于平等，而平等也并不总是等同于公平。（Wormeli，2006）

评分（如百分比，字母等级，1—4 等级，及格 / 不及格）被用于对学生所学进行的终结性评价中。在整个单元的学习中，持续性评估一直在给予学生反馈，基于此，还有几种可能的课堂情景可进行终结性评价：

- 进行一般性的后测，把前后表现做比较。这与预评估是相同的。前测和后测的比较可以体现出学生取得的进步和能力的提升情况。如果技能和知识内容的掌握需要更多的练习，教师就需要为此做出计划。测试结果还可以显示出学生薄弱的领域，这有利于学生进一步的学习。后测结果将显示学生的知识是否全面，是否有进步，是否获得了持久的理解或是否需要进一步的实践来掌握知识。

- 设计可以在调整过的任务中进行的测试，用以评价不同学习小组对不同学习材料的掌握情况。此测试基于学习的复杂程度。其中有一些问题将在各类测试中出现，这些问题可能来自整个学习过程中呈现给全体学生的知识。有了这个工具，各个小组的学生可进行笔试，而笔试内容会包括各组学习过的材料。这一测试能让教师了解学生在学习某些具体知识方面的情况。注意不要把这类学习情况和那些学生在更低挑战性的或更困难的领域学习的情况做比较。

- 有些评估工具会兼顾不同场景下的学习。有些问题是给所有学生的，有些问题是专门开发出来供个别学生或者一组学生解决的。

以上所述是在一个章节学完后的笔试设计的一些例子，它们可能不能单独作为最终评分，而只能是最终评分的一部分。教师要收集证据和分数，来作为学生表现的真实写照。

最终成绩

许多因素会影响学生的最终成绩。一些有能力的学生无须努力学习但仍能得到 A。其他学生完全投入到学习中，尽最大努力，但仍不能得到一个 A。成绩可以激励学生，能证明学生的表现和获得的知识，但成绩也可以令人泄气。我们需要说明并评估每个学生努力或缺乏努力的情况。

当做出书面评论时，要写出具体可观察的陈述，避免使用形容词和副词，只要事实！形容词和副词会使评论具有评判性。为了找到学生的行为方式、优点和缺点，写下你所观察到的事实。这明确了有策略地进行设计的具体需求。坚强的学习品质是一种能力，戈尔曼在《情商》（*Emotional Intelligence*）一书中，将这一品质列为"自我动机"这一主题之下。教师们需要尊重学生持之以恒、坚韧不拔和努力的品质。

汤姆林森建议，一些教师可以根据学生对材料的学习情况给学生评分。（Tomlinson，2001）教师的评分结果可以告诉家长，这个分数是根据学生的能力水平给出的，而不是与班上其他同学进行比较给出的。因此，一个学生依据自己的水平可能得到 A，但与其他同学比较起来，可能只能得到一个 D。

当我们进入到一个更具差异化的课堂时，我们需要与家长、学生，以及更广泛的群体进行沟通，让他们了解我们的意图和正在发生的变化。如果他们理解了，他们将会支持最利于学生的学习过程。

正如学习任务需要差异化，评估策略也是如此，这样，所有学习者才会以多种方式投入学习中，并以一种舒心的、效果持久的、适合自己的方式展示他们所掌握的知识和技能。

章后反思

请在你的专业学习共同体中，讨论以下问题，分享意见与观点。

1. 当前你是怎么对学生进行预评估的？

2. 你是如何满足学生的有效需求的？你是如何把学生的兴趣融入学习过程中的？你是如何把学生的兴趣与其先前知识和技能结合起来的？

3. 当前你运用了哪些数据来进行教学和评估的设计？

4. 为了提高课堂的评估与反馈效果，你首先要做些什么？

5. 试讨论反馈与评分两个概念的不同。

6. 你们学校或者你所在的年级对于评分是否形成了标准化的做法或者是否达成了统一的意见？

5 调整、压缩和分组

当我们为别人设计衣服时，我们要考虑他们的身高、体重和体形，因为这些因素会影响服装的尺寸大小。我们也知道，并不是每个学生都穿同样大小的衣服，当他们需要穿大号衣服的时候，我们不可能强迫他们穿小号的。每个学生都有不同的背景和经历，因此，对某个话题或某项技能，不一定每个学生都会表现得知识渊博、技巧熟练。此外，我们还知道，我们可能会厌倦一直穿着同一件旧衣服。同样，学生对课堂上一成不变的老套知识也会感到厌倦。然而，在现实中，不管学生对所学有何种程度的了解，我们往往都会强迫他们接受同样的课程（以相同的形式）。因此教师需要对学生的学习做出调整。做这些调整并不需要总是针对学生的学习准备状态，有时也可能是为了适应学生的兴趣和喜好。

可调整的任务

什么是可调整的任务

我们一直都在探索如何使教室里的每一处地方都能更好地适应所有的学生。可调整的任务可以让教师帮助学生专注于掌握必要的技能和理解关键的概念，认识到他们各自可能处于不同的准备水平。一些学生能够处理复杂和抽象的问题，而另一些学生则不能。虽然我们可以为不同水平的学生调整任务，但是每一项任务的标准、概念和内容都有相同的关注点，而且在每个学生挑选了适合他的挑战水平的任务时，都能获得培养关键技能和理解力的机会。可调整的任务能够更好地确保学生在他们的水平上拓展思路，并且依据已有的知识和经验获得飞跃性的成长。

我们为什么要使用可调整的任务

运用调整后的任务可以让学生从他们现有的水平开始学起，并且努力去完成具有挑战性和有价值的任务。如果我们正在养花，有的种子发芽了并且将要开花，我们就不会把它们连根拔起，重新播种，让它们重新开始生长，这听起来有点匪夷所思。对于那些长势喜人的植物，我们当然会给予它们所需的阳光、水和养分，并会好好地培育刚刚发芽的幼苗，帮助它们开花和生长。基于学生的准备水平、学习风格和多元智能的偏好，调整学习任务有助于学生强化和扩展对概念的理解。当每个学生都被赋予具有挑战性的学习任务，而这些任务刚好超过了学生的技能水平时，适当调整学习任务就会更有利于为学生创造"流畅"的思考体验。

此外，使用调整后的任务也增加了每个学生成功的机会，因为这种成功是在他们能力范围之内的，而且成功最终会在很大程度上调动学生的积极性。对优秀学生而言，任务的调整减少了降低要求的风险，也降低了那些接受超越他们能力的挑战的学生所产生的无助感。

我们如何使用可调整的任务

正如其他任何设计过程一样，在设计可调整的任务之初，也要确定概念、技能和内容，并让它们与特定的标准和期望保持一致。这些概念、技能和内容将会成为学习任务的焦点。

通过使用形成性预评估的一些方法（测验、日记、课堂讨论、数据采集技术、学习档案等），教师收集数据，以确定学生的已有知识，为学习既定目标中的新内容和新技能做好准备。教师汇总预评估的数据，然后确定单元学习过程中的关键标准和概念，随后决定哪些知识应该教给全班学生以及如何呈现这些知识，选定教授这些概念和技能的合适场合，然后就可调整的任务做出

决定。依据学习者现有的知识和技能水平，教师可对任务进行调整以满足他们的需求。以下是当教师确定布置某类任务时需要回答的问题。

- 每个小组已经学会了哪些内容？
- 每个小组需要学习什么？
- 应该采用什么策略来引导每个部分的学习？
- 每次活动最有效的分组方法是什么？
- 使用什么样的评估工具来使学生变得有责任感？
- 这些设计能满足学生的个人需求吗？

不同的学习者有着不同的基础知识和学习经历，所以，我们需要可调整的学习任务。下面是一个典型的例子，为我们展现出教师每次开始为他们的学生制订教学设计时所面临的情况。

例子：为低年级准备的可调整的任务

货币单元

图 5.1 中的 A 部分向我们展示了在分析预评估数据的基础上，我们可以了解每组学生都知道什么以及可以做什么。它没有显示出每组学生的人数，但是表明了每组学生所具有的知识或技能。B 部分需要通过任务、作业或课程来完成，以继续促进学生的学习和理解。

A 部分：高水平掌握组。这组学生在学习刚开始时都知道什么？学生知道硬币的名称，他们会数钱，会准确地找零钱。他们在用钱购物方面算得上是明智的消费者。其中一些学生已经能在附近的商店购物了。因此，他们有这一方面的基础知识。而其他学生则需要掌握这些基础知识才能购物。现实生活中的经验已经教会了这类学生上述内容。因此，这些学生需要做的是继续学习货币中的相关内容，而非学习那些基本知识。

A 部分：接近掌握组。这组学生在学习刚开始时都知道什么？这些学生知道硬币的名称。就其他即将教授的概念而言，他们的知识是有限的。因此，他们需要学习计数、把硬币加起来，并且把不同币值的钱组合在一起进行计算。随着他们不断进步，他们可以去购物，接收找回的零钱或者给别人找零钱。

思考核心问题：

A.学生在学习货币单元的最初阶段都了解些什么？

B.下一步他们要学习什么？

B	可以根据美元纸币去换零钱。 把更多币值的钱组合在一起。 当给出价钱时，可以准确地支付和（或）找回零钱。	知道如何计算包含各种币值的硬币总额。 知道如何找零和数零钱。	能使用各种样式的硬币。 知道正确认识每种硬币的样式。 知道每种硬币的币值。 知道根据币值排列硬币。
A	能识别各种硬币。 能了解所有硬币的样式。 能把硬币的币值加起来。 能找零或者数零钱。 可以作为一个消费者来使用硬币。	能识别各种硬币。 了解1、5、10三种硬币的样式。 知道每种硬币对应的币值。 能根据币值排列硬币。 能正确使用部分样式的硬币。	知道1、5、10三种硬币的样式。 通过买东西知道货币的使用价值。 认识一些硬币。
	高水平掌握	接近掌握	入门阶段

标准：能够在日常生活中使用货币

内容：硬币

使用预评估工具来了解学生的知识基础：教师出题，让学生进行动手形式的测试

图 5.1　可调整的任务的例子：货币

A 部分：入门阶段组。这组学生在学习刚开始时都知道什么？这组学生几乎不知道任何硬币的名称和它们的币值。教师需要把所有信息教给他们，他们才能建立起关于货币的基础知识。

由于任务是可调整的，所有这些小组在学习中都将受到挑战，并基于自身需求使用各种策略来学习知识。学生们将被分成小组进行学习，分组旨在满足他们的各自需求。在整个学习过程中会有持续的评估来提供适当的反馈并借此来进一步调整任务。

B部分：入门阶段组。他们接下来需要学习什么？根据预评估得出的数据，教师将能够确定哪些学生在先前知识方面还有遗漏，哪些学生对新的学习领域缺乏背景知识。不填补这些缺口，学生将无法学习新知识。在学习新知识的过程中，要做好从每个学生已有知识水平的基础上开展不同教学的准备。学习水平最低的一组需要学习不同硬币的样式。例如，学生可以以五枚硬币为单位来计数，但不知道这些相同样式的硬币都是由镍组成的。此外，需要学习按照硬币的币值来排序。很多时候，当拿着五分镍币和十分硬币问学生"哪个更值钱"时，很多人都会选择镍币，因为它体积较大。必须把硬币的正确币值教给他们，这样他们才能正确地花钱以及拿回找零。

B部分：接近掌握组。他们接下来需要学习什么？经过预评估，教师可能会发现有一些学生已经准备好学习接下来的内容。之后，他们需要学习如何在多种币值混合在一起的情况下计算硬币的总额，以及如何找零、数零钱。

B部分：高水平掌握组。他们接下来需要学习什么？在汇总了预评估的数据后会发现，可能有一些学生已经掌握了这方面的内容，如果再让他们学习一次，他们将会感到无聊。虽然他们知道这些内容，但是他们也可以进行更深入的学习或变得更善于分析，更具有创造性和实践力。这组学生需要探索消费者的方方面面，还需要学习如何使用更多混合币值的硬币，准确地计算并给出零钱，准确使用美元纸币。

基于预评估期间收集的信息，教师根据三组学生的学习水平，设计了三个有意义的活动。

更高级组（高水平掌握组），经营一家小卖部，供人们休息和用午餐。他们自己给小吃定价格并出售食品、收钱、找钱，通过计算现金的数量来计算他们的收入。他们还用计算器来核对他们的工作。

在上课的时候，这些学生积极参与到活动中，更进一步了解硬币以及不同硬币之间的兑换。学生在购物中心使用真实的硬币，把不同币值的硬币组合在一起相互出题。"我有十个硬币，加起来是一美元。"帕特说。"这是十个一角。"塔拉说道。"我有六枚硬币，加起来是一美元。"科里说。"那可能是三个两角五分，两个一角和一个五分的硬币。"朱迪说。比赛变得相当有竞争力，各组记录自己的得分，看看谁会成功。

学生还用计算器把各自愿望单上的生日礼物所需的总金额算出来。

能够识别硬币的学生小组（接近掌握组）与他们的搭档一起使用硬币上的

印记制作各种图案。他们就识别硬币并计算总额这一活动向其他小组成员发起挑战。他们从家里收集丢弃的玩具和物品，给它们定价，开展班级旧货出售活动。他们给各种物品定价，通过使用货币进行了一次旧货出售活动。

需要更多的经验来识别硬币的学生小组（入门阶段组）玩了一个类似于"集合"的硬币游戏，在这个游戏中，他们必须能够识别硬币并进行正确的匹配。他们也开始把不同币值的硬币组合在一起找出与其币值相等的硬币，如五个便士（一分）和一个五分硬币在一起相当于一角，两个五分相当于一角，等等。

所有学生都能够在小卖部和旧货出售点消费，并练习如何恰当地使用硬币。他们也参与到小卖部和旧货出售点的销售活动中，和有经验的学生一起合作，这些学生是他们学习的榜样并为他们的学习提供经验。

所有学生都参与到有趣而富有挑战性的活动中，这些活动丰富了他们的体验。

图 5.2 向我们展示的是依据西班牙语学习标准，有关日常交流和指路的主题教学应该如何设计。

A 部分呈现的是有关标准和内容，三组学生都掌握了什么，能够做什么。B

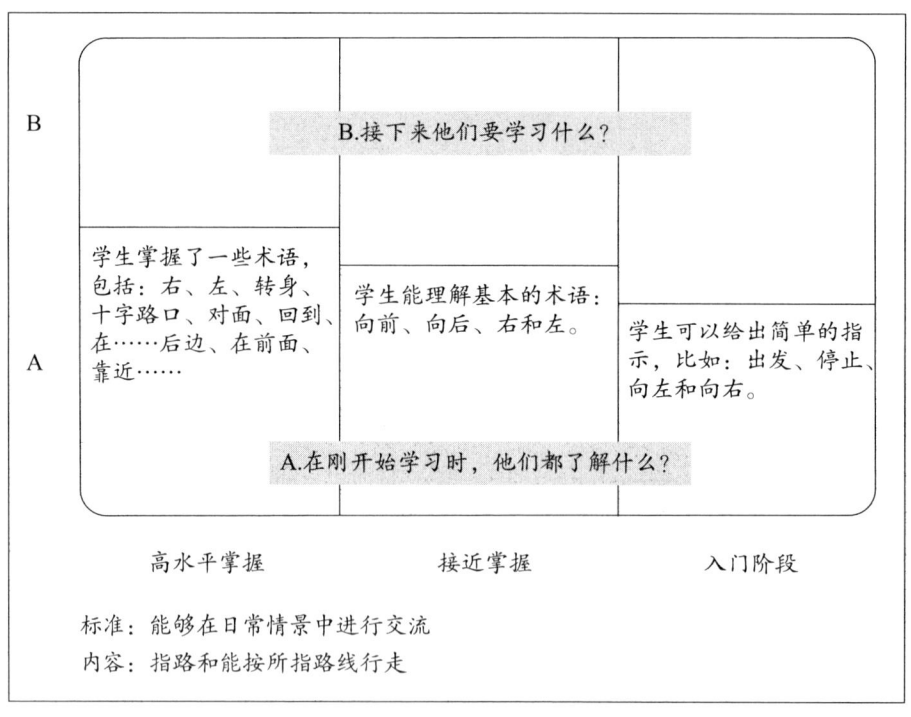

图 5.2 可调整的任务的例子：用西班牙语指路

部分呈现的是还需要做什么来拓展该组学生的学习。

高水平掌握组（仅四个学生）通过互联网搜索，找到墨西哥城的街道地图。他们就感兴趣的区域或景点画出路线，并且做出海报来宣传该区域或景点的特点。

接近掌握组设计一个棋盘游戏，这个游戏需要使用指路词汇。他们改编了他们所熟悉的棋盘游戏，增加了趣味性，并使用那些他们在过去未曾使用过的词汇，包括新的术语名词，来为游戏写任务卡。

入门阶段组的成员两两合作，彼此给对方指路，练习如何去学校的各个区域。他们画出任务卡，并能够用西班牙语指引对方来到食堂、办公室或者计算机实验室。然后，他们参加了一个类似于转盘的游戏，他们转动一个轮子，然后沿着轮子指示的方向走。

如果需要，教师应该划分出更多的学生准备水平，并进行调整，但是，当第一次开始这个活动时，三个层次对教师来说可能已经够复杂了。

进行了预评估之后，教师分析数据，并在图 5.3 的 A 部分写出这些内容。

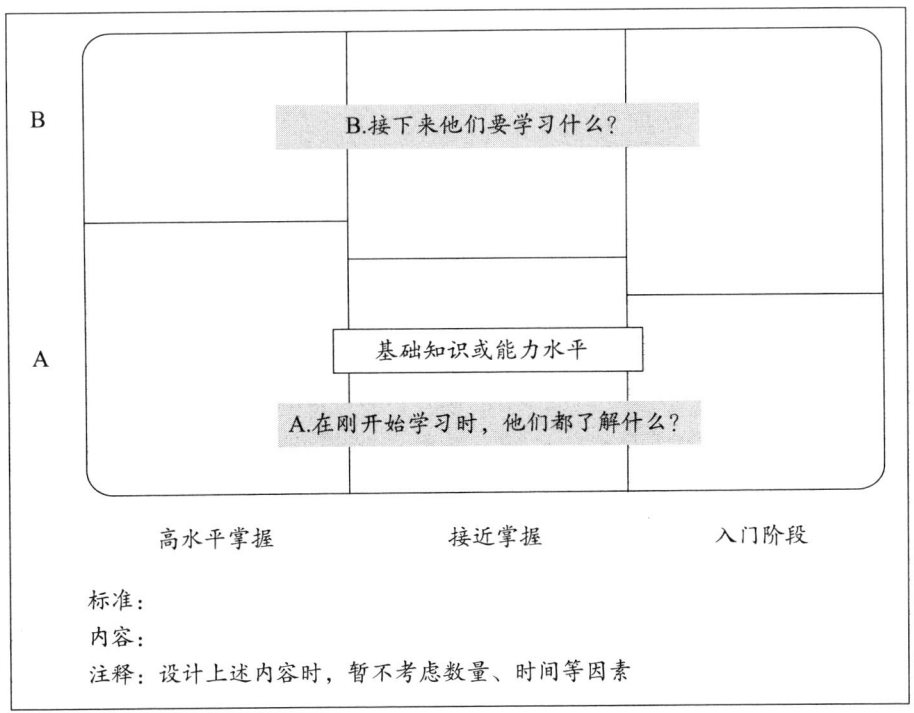

图 5.3　供教师使用的、用来记录学生准备水平的可调整的任务图

输入学生已经知道的内容之后，教师需要考虑学生还需要学习什么以及如何拓展他们的学习。然后教师在 B 部分填写一项具有适当挑战性和有吸引力的学习活动，以使这些学生进入到更高水平的学习。这种学习活动可能是上一堂课，完成一项活动、一项任务或作业。布置的作业可以分为需要学生独立完成的，需要两人一组完成的，以及需要小组共同完成的，这样一来教师便有空引导其他组学生学习新的内容和过程性的知识。教师可以从多种课程方法中选择合适的学习方法，如项目学习、学习中心（站）、整合式的学习和基于问题的学习。

为两组学生设计的可调整的任务

对学生进行预评估，以获得他们对即将实施的《共同核心州立标准》的知识基础，收集并解读相关数据。有些学生已经做好了学习新知识的准备，因为他们具备了学习新材料的相关背景知识；对于其他学生来说，要判断他们在为获得新知识而进行的学习中是否存在一些漏洞或缺口。（参考表 5.1）接下来，教师进行知识的讲解。之后，就该让学生完成任务了。记得要设计两种任务，使它们具有相同的激励性、挑战性和趣味性。A 组（接近掌握组）运用刚刚给他们讲解的知识（符合学段相应标准的知识）来完成一项任务。B 组（入门阶段组）则要根据学习新知识的情况进行查漏补缺。这些任务要同时布置，这样能尽量保证学生花费相同的时间完成任务。

表 5.1　适合两个组完成的可调整的任务

A 组：接近掌握	B 组：入门阶段
为学习新知识做好了准备。	需要学习背景知识。
有相应的背景经历并且为学习新材料做好了准备。	了解一些知识，但是没有做好接受新知识的准备。

下面的设计模板（见表 5.2）和可调整的任务图（见图 5.4）可用来规划多层次的任务。

表 5.2　差异教学六步设计模板

1. **标准**（学生应该知道什么？会做什么？）：	数据收集评估工具：日志、清单、日记、日程安排、课堂观察表、学生成长记录袋、评估量规、学习契约
关键问题：	
2. **学习内容**（概念、词汇、事实）：	**技能：**
3. **激活学生思维**（重点活动是预评估）： 预评估 先前知识 使学习者参与其中	● 小测试、考试 ● 调查 ● "已知—想知—新知"策略 ● 日记 ● 用手臂示意理解程度 ● 头脑风暴 ● 概念形成 ● 用拇指示意理解程度
4. **习得**（全体或小组学习）：	● 小演讲 ● 汇报 ● 演示 ● 拼图 ● 观看视频 ● 实地考察 ● 特邀发言人 ● 撰写文本

5. 分组决定（TAPS 原则、随机分组、异质分组、同质分组、按兴趣分组、按任务分组、按结构分组）： **应用** **调整**	● 学习中心 ● 项目学习 ● 学习契约 ● 压缩 / 丰富 ● 以问题为基础 ● 探究 ● 研究 ● 自主学习
6. 评估 尊重差异（学习风格、多元智能、个人兴趣等）	● 小测验、考试 ● 表演 ● 作品 ● 汇报 ● 演示 ● 日记、日志 ● 清单 ● 学生成长记录袋 ● 评估量规 ● 元认知

表 5.3、图 5.5、表 5.4、图 5.6 为我们展示了小学低段数学课和小学高段科学课的设计案例，这些案例具体应用了我们在前文中介绍的设计模板。

第一个案例是一堂以"认识时间"为主题的小学低段数学课设计，关于这一主题《共同核心州立标准》中给出了以下标准：

1. MD.3——能说出并准确记录模拟时钟和数字时钟上显示的半点和整点时间。

2. MD.7——能使用模拟时钟和数字时钟，说出并写出最近五分钟以内的时间，利用 a.m. 和 p.m. 来分别表示上午和下午。

第二个案例是一堂以"元素周期表"为主题的小学高段科学课设计，这节课计划达到下列目标：

学生将通过调查理解元素在周期表的位置反映了元素原子结构的功能。元素

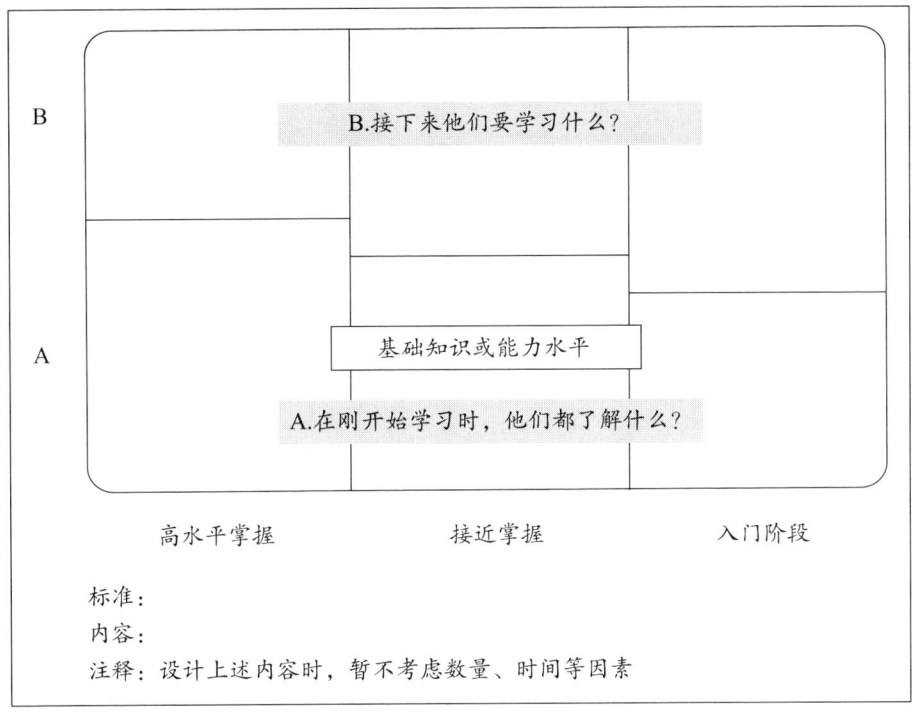

图 5.4 记录学生准备水平的可调整的任务图（模板）

周期表是一种可用于研究如下内容的工具：

　　a. 平均原子质量，质量数和原子序数；

　　b. 同位素，半衰期和放射性衰变；

　　c. 原子内粒子的质量和电荷特性。

PS.4 学生将研究和理解元素周期表的组织结构和使用方法，借以获取信息。

元素周期表中的关键概念包括：

　　a. 元素符号、原子序数、原子质量、族和周期；

　　b. 元素的分类，例如金属、类金属和非金属；

　　c. 简单的化合物（结构和成键性质）。

S4.1 学生做计划并开展研究，要做到：

　　a. 对观察结果、结论、推断和预测做出区分；

　　b. 根据因果关系形成假设。

表 5.3　设计小学低段数学课的差异学习：会看模拟时钟 / 认识时间

1. **标准**（学生应该知道什么？会做什么？）： 读出时间，精确到分钟 用分钟来计算时间 用分钟和秒钟来计算时间 学会如何读出所有时间	数据收集评估工具：日志、清单、日记、 日程安排、课堂观察表、学生成长记录袋、 评估量规、学习契约
关键问题：现在是几点几分？	
2. **内容**（概念、词汇、事实）： 数字时钟、小时、分、秒、AM、PM	**技能：** 在大多数场合，能准确地读出时间（精确到小时） 能读出数字时钟上的时间，当给出一个时间时能在数字时钟上表示出来 理解时钟的构造以及它是如何工作的
3. **激活学生思维**（重点活动是预评估）： 预评估 先前知识 使学习者参与其中 标注分针、时针、秒针 描述整点、半点和一刻钟 列举并讨论日常生活中自己五个重要的时间点	● 小测试、考试 ● 调查 ● "已知—想知—新知"策略 ● 日记 ● 用手臂示意理解程度 ● 头脑风暴 ● 概念形成 ● 用拇指示意理解程度
4. **习得**（全体或小组学习）： 动手用模拟时钟教具来表示各种时间 同伴之间解释时针和分针是如何工作的 在一个小组里，让学生进行头脑风暴，思考他们在何种场合需要一个数字时钟，从而意识到学习认识时间这一技能的价值 开展小组竞赛，在自己的模拟时钟教具上准确辨识指定的时间	● 小演讲 ● 汇报 ● 演示 ● 拼图 ● 观看视频 ● 实地考察 ● 特邀发言人 ● 撰写文本

5. 分组决定（TAPS 原则、随机分组、异质分组、同质分组、按兴趣分组、按任务分组、按结构分组）：
 	
应用
 	
调整
 	
入门阶段组
 	
  以分针来计时，每 5 秒为一个单位
 	
  研究下列情况下每个指针的位置：
 	
  整点
 	
  几点过一刻，15 分钟
 	
  半小时，30 分钟
 	
  几点差一刻，45 分钟
 	
接近掌握组
 	
  读出时间，精确到分
 	
  用分钟来计算时间
 	
  用分钟和秒钟来计算时间
 	
  学习如何读出所有时间
 	
高水平掌握组
 	
  需要提供不假思索地读出时钟上所有类型的时间的机会
	● 学习中心
	
	● 项目学习
	
	● 学习契约
	
	● 压缩 / 丰富
	
	● 以问题为基础
	
	● 探究
	
	● 研究
	
	● 自主学习

6. **评估：** 当说出一个具体的时间时，学生会在钟面上表示出来 关于时钟组成部分的测试 尊重差异（学习风格、多元智能、个人兴趣等）	● 小测验、考试 ● 表演 ● 作品 ● 汇报 ● 演示 ● 日记、日志 ● 清单 ● 学生成长记录袋 ● 评估量规 ● 元认知

标准、概念或技能：时间的流逝

水平：高级基础

关键点

　　A.在刚开始学习时，学习者都了解什么？

　　B.接下来学习者要学习什么？

B	需要不假思索地读出时钟上的所有时间。	读出时间，精确到分钟。 用分钟来计算时间。 用分钟和秒钟来计算时间。 学会如何读出所有时间。	以5秒为单位来计时。 时针比分针走得更慢。 　学习指针的位置。
A	每天使用时钟。解释时针和分针是如何运转工作的。 在大多数情况下，能准确地读出同一个小时内的时间。	准确地读出整点和半点。 　在时钟上识别日常的时间，如午餐时间和下课时间。 准确理解并阅读时间。	整点：几点过一刻； 　5分钟；半小时、30分钟；几点差一刻； 　45分钟。 读数字时钟上的时间。 能说出时钟的各个部分： 　分针、时针。 知道60分钟是一个小时； 　知道数字1—12代表小时。
	高水平掌握	接近掌握	入门阶段

图 5.5　用于小学低段数学课的可调整的任务图：会看模拟时钟／认识时间

表 5.4　设计小学高段科学课的差异学习：解释元素周期表

1.标准：学生应该知道什么？会做什么？ 阅读并解释元素周期表 解释图表型的数据 学习每个元素及其在周期表中的位置	数据收集评估工具：（日志、清单、日记、日程安排、课堂观察表、学生成长记录袋、评估量规、学习契约）
关键问题： 在周期表中，每个元素代表什么？ 这些元素都是什么？它们代表了什么意思？	

2. 内容（概念、词汇、事实）： 元素名称和元素周期表的特性	**技能：** 解释数据和术语 学会如何阅读元素周期表 学习周期表的设计方法及其目的 全面解释运用周期表的整个过程
3. 激活学生思维（重点活动是预评估）： 预评估 先前知识 使学习者参与其中 能使用元素周期表中给定的线索 能准确找到基本粒子 认识元素周期表 学习术语 学习基本元素及其特征	● 小测试、考试 ● 调查 ● "已知—想知—新知"策略 ● 日记 ● 用手臂示意理解程度 ● 头脑风暴 ● 概念形成 ● 用拇指示意理解程度
4. 习得（全体或小组学习）： 解释元素周期表中每个条目上的数据信息 通过元素周期表，准确计算原子序数和元素质量 说明每一行和每一列元素排列背后的原因 利用元素周期表说出基本的化学方程式	● 小演讲 ● 汇报 ● 演示 ● 拼图 ● 观看视频 ● 实地考察 ● 特邀发言人 ● 撰写文本

续表

5. **分组决定**（TAPS 原则、随机分组、异质分组、同质分组、按兴趣分组、按任务分组、按结构分组）：
 	
应用
 	
调整
 	
入门阶段组
 	
  认识元素周期表
 	
  学习术语
 	
  使用元素周期表中的线索
 	
  学习基本元素及其特征
 	
接近掌握组
 	
  学习元素周期表是如何被创建出来的
 	
  全面解释运用元素周期表的整个过程
 	
高水平掌握组
 	
  应用元素组合
 	
  利用元素周期表来解决现实生活中的难题和应对某种情况
	● 学习中心
	
	● 项目学习
	
	● 学习契约
	
	● 压缩 / 丰富
	
	● 以问题为基础
	
	● 探究
	
	● 研究
	
	● 自主学习

6. **评估：** 元素周期表的定义和使用过程 解释元素周期表中的线索、规律 每个条目代表什么？意味着什么？ 元素周期表是如何发挥作用的？ 谁会使用元素周期表？一般在什么时候使用？ 尊重差异（学习风格、多元智能、个人兴趣等）	● 小测验、考试 ● 表演 ● 作品 ● 汇报 ● 演示 ● 日志、日记 ● 清单 ● 学生成长记录袋 ● 评估量规 ● 元认知

标准、概念或技能：解释元素周期表

关键点

A.列出学生在刚开始学习时所掌握的具体知识基础。这一点可以通过设计周密的预评估来确认。

B.为了确认B中内容，教师列出每组学习者接下来需要学习什么。这向很好掌握了背景知识的学生提出了挑战，确定了准备就绪的那些学生都需要学习什么知识，那些没有基础的学生在学习新知识方面存在哪些遗漏和缺口。

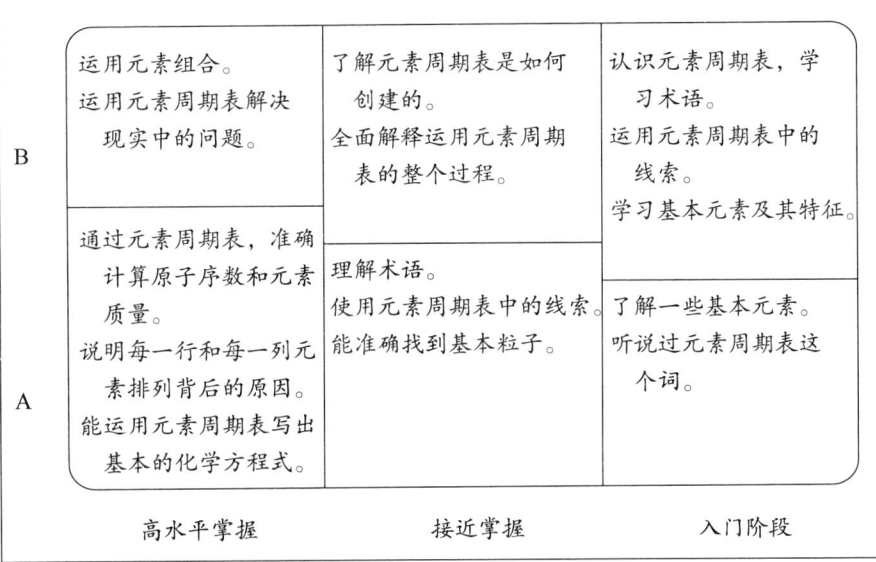

	高水平掌握	接近掌握	入门阶段
B	运用元素组合。 运用元素周期表解决现实中的问题。	了解元素周期表是如何创建的。 全面解释运用元素周期表的整个过程。	认识元素周期表，学习术语。 运用元素周期表中的线索。 学习基本元素及其特征。
A	通过元素周期表，准确计算原子序数和元素质量。 说明每一行和每一列元素排列背后的原因。 能运用元素周期表写出基本的化学方程式。	理解术语。 使用元素周期表中的线索。 能准确找到基本粒子。	了解一些基本元素。 听说过元素周期表这个词。

图 5.6   小学高段科学课的可调整的任务图：解释元素周期表

RTI 干预反应模式和差异教学

美国 2004 年颁布的《残疾人教育法》（*The Individuals With Disabilities Education Act*，简称 IDEA）建议，利用干预反应模式（Response to Intervention，简称 RTI）来满足学生的多样化需求。基于对学生的调查、早期差距的检测和干预措施，该模式包括三个层次或三个级别的指导性实践，可以用来在学困生落后他人之前帮助他们。

干预反应模式的目的直指学生学习成果的改进——所有学生学习成果的改进。事实上，干预反应模式不是关于特殊教育的，也不是通识教育、天才教育、

风险教育或移民教育，干预反应模式是针对每个人的教育。（Tilly，2009，p.12）

层级1：是为在课堂上接受通识教育的所有学生准备的，它应用那些以研究为基础的策略，提供差异教学，以满足学生的不同需求。在一般的课堂上，教师要考虑时间、教学内容、教学过程，并根据学生的准备状态支撑起整个课堂。

层级2：来自预评估和一般调查，以识别学习有困难的学生。然后，明确目标需求领域，在小组中应用经过检验的最佳实践方法，每周应用3—5次，直到学生获得成功。这种早期干预方法使许多学生免于成为学习中的特殊人群，并不断填补学困生学习上的缺口。但这也可能给那些天才学生获取学习的深度和复杂性方面造成了障碍。

层级3：是为那些在恰当的时间框架内使用了层级2中的干预而没有取得进步的，并且需要更多个性化关注的学生所设计的更加广泛的干预措施。

如果学生对针对性的干预措施没有做出回应，可以考虑使用特殊教育方式。而对于天才学生则可能需要加快学习进度、给予个别化指导或实施压缩课程，以满足他们的特殊需求。

用于干预教学的设计工具

首先，教师要确定在单元学习过程中需要体现的共同标准。《共同核心州立标准》中的学习层次可以帮助教师认识学生学习前后的水平，以便更好地设置学习内容的深度和复杂性。了解学生的过往经历，对于设计一年的学习活动是有帮助的。其次，教师可以通过分析评估数据来确定学生的需求领域。这些数据确定了哪些领域是需要再次教授的，哪些领域学习者还存在知识上的漏洞或缺口。同时，这些数据也揭示了学习者在学习之前和学习过程中都学到了什么。再次，教师需要确定学生在哪些领域有共同的需要。

当教师了解了需求领域以及哪些学生需要干预之后，下一步就是确定最有效的时间，把各个小组聚集起来以便共同进行干预，然后就可以采用下列步骤进行高质量的干预。

1.A组：与年级水平一致组

a.给这一组不需要干预的学生分配一项需要独立完成的、符合其年级水平的任务（或者多项任务）。

b.确定完成任务需要花费的时间。

2. B 组：干预组

a.教师将这一组学生聚集起来进行干预指导。

b.给学生教授所需的技能、标准、概念或者过程方法。只用所确定的时间的一部分。

c.为每个学生布置一项需要独立完成的任务，在所确定的剩余时间里，学习刚刚教授过的知识。

注意：此时，教师可在 A 组和 B 组学生之间巡视，回答学生的问题，探索处理方法并且对学生进行评估。

课程压缩

什么是课程压缩

课程压缩最先是由美国康涅狄格大学的乔·伦祖利（Joe Renzulli）提出的策略。（Renzulli et al.，1992；Tomlinson，1999，2001）有些学生对某一学科领域中某个特定主题有较强的学习能力并且掌握了这方面的很多知识，课程压缩这一方法就可以为这些学生提供帮助。它是帮助进度较快的学习者将时间最大化利用的一种方式。

我们为什么要使用课程压缩

因为受先前经验、兴趣和学习机会的影响，许多学生可能会把先前知识和技能带到当下内容的学习中，这些知识和技能是随着时间逐步获得的。它们可能来自大量的阅读、旅行、个人对某个主题的兴趣、导师或是对学习者有重要影响的人。对这些学生来说，偶尔使用课程压缩的方法，可以丰富他们的课程，提升并拓展他们的思维，帮助他们发展成为更加自主的学习者。在许多课堂上，教师常常面向中等水平的学生设置教学内容，这使一些学生感到很无聊，因为每天都像在重复历史；还有一些学生会感觉云里雾里，因为他们没有所需要的背景知识和相关经历来理解或达成目标。压缩或丰富课程的方法（见表 5.5）可以用于那些根据预评估而被认定为学习优秀的学生。

表 5.5　课程压缩：用来为优秀的学生提供超越常规课程的丰富知识

第一阶段	第二阶段	第三阶段
探索阶段	分析数据	高水平的挑战
预评估：	已经掌握的：技能、概念	● 调查
● 测试	他们都掌握了什么呢？	● 基于问题的学习
● 会议	需要掌握的：他们还有什么需	● 服务式学习
● 成长记录袋会议	要知道呢？	● 项目学习
找出学习者：	他们将怎样学习？	● 学习契约
● 已经知道的	● 和全班同学一起学习	为培养成功智力（Sternberg,
● 需要知道的	● 独立学习	1996）提供机会
● 想知道的	● 通过完成作业来学习	● 实践力
	● 在学校里或校外在老师的指	● 分析力
	导或伙伴陪同下学习	● 创造力
	● 在线学习	评估

允许所有的学习者按照自己的进度学习是很重要的，因此，要创造科恩提出的"放松性警觉"。在学习情境中，教师需要设法创造具有挑战性的学习经历，要让学生把这种学习经历看作"可以尝试的""实际可行的"。这种经历能使学生处于一种"流畅的状态"，使他们投入到相应水平的挑战中。教师要切忌给学生太难或太简单的任务，这会让他们感到沮丧或无聊。

我们如何进行课程压缩

阶段 1

在这个阶段，在学生经历了一个可以在其中使用先前知识，并讨论他们的最初概念的探索过程后，可以对他们进行一次预评估。可以用以下一种或多种方式进行这个阶段的活动：

● 一次前测；

- 举行班级会议，让学生就某一主题的知识和理解程度进行分享；
- 开展成长记录袋展示活动，活动中，学生展示能证明他们理解力和技能水平的材料。

阶段 2

在预评估之后，教师分析数据并确定学生已经知道了什么、已经掌握了什么，以及仍然需要学习什么。这些仍然需要学习的知识和技能可以通过如下活动来获得：

- 和全班同学一起学习；
- 独立学习；
- 完成作业；
- 在校内或校外，与指导老师或者学习伙伴合作；
- 在线学习。

阶段 3

一旦缺失的学习内容已被补充上，学生可以选择以下方式进行学习：

- 进行项目研究或调查；
- 解决一个结构不良的问题；
- 一次服务学习的机会（类似于社区服务，学生利用学术知识和技能来满足真正的社区需求）；
- 进行一次专题研究；
- 协商学习契约；
- 完成一份特殊的作业。

这些任务能促进学生用一种实用的或富有创造性的方式去应用知识和技能。正如前文所述，著名的心理学家罗伯特·斯滕伯格在 1996 年就把成功智力解释为讲求实际、善于分析以及富于创造性等方面，而不仅仅是知道事实。

课堂实施理念

每个学生都有自己擅长的智力类型：实践力、分析力或创造力。这决定了学生在参与小组讨论、特殊任务或专题研究时在什么领域可以做出最大的贡献。然后，让该学生和在其他两个智力领域突出的成员组成一个学习小组。这个三人小组需要解决一个难题或进行专题研究。因为小组的成员构成特点，这个难题的各个方面都会被攻破。

实际运用（实践力的培养）可能是指创造一些对社会有用的东西。它把知识和技能带到了"底线"水平，并且说明了知识的实际用途，展示了知识的发展情况以及解决了我们遇到的难题。

分析法（分析力的培养）就好像是一个批判性思维透镜，凭借它，学生可以进行评价、证明和分类。人们使用这种方法可以模拟学校教育里解释、列提纲和展示的过程。

创造性的任务（创造力的培养）可以鼓励学生去创新或发明创造。学生通过这些任务生成、创造新的技能和知识，使学到的技能和内容得到进一步巩固。

从理论上说，如果时间允许或提供了可选择的办法，学生便能够通过一种实践的、分析的和创造性的途径，进行新的、超越机械记忆式的学习，并从中受益。这能使他们增进自身对知识的理解，并获得相关主题的更多知识。

课程压缩（丰富）是用于提高优秀学生和天才学生学习效果的一个策略，这种策略可以通过将部分学生从常规课堂中挑选出来单独授课来实现，或是通过与其他学科教师的合作来实现。但如果把这一部分的学生挑选出来，教师就要确保他们不会因此而错过那些他们尚未掌握的学科知识。教师必须确保学生完全掌握了概念，而不是知识的皮毛。如果要求学生完成压缩后的任务，就没有必要要求他们再完成相同学科的课堂常规任务了。

课程压缩的表现

教师之所以会采取某些类型的课程压缩（丰富），是因为他们考虑到一些学生已经具有足够的先验知识和经验，能保证自己在其所在年级水平上一直处于领先状态。例如，法国学生可以跳过一年级法语课，因为他们的法语很流利；初级代数班的学生可以跳过代数 1，直接开始代数 2 的学习；每天都阅读的等级 1 学生可直接进入等级 3 学习。

当学生的数学水平超出课程预期水平时，也会存在课程压缩（丰富）的情况。在上数学课时，可以把这部分学生挑出来，为他们提供强化或者拓展学习，并配备专门的指导老师。

课堂内的课程压缩（丰富）

如表 5.6 所示，根据掌握水平的不同，任何班级的学生都可以被分为若干组，有的组可能只有一两名学生，有的组可能有几名学生，也有的组可能因为对知识的掌握水平较高不存在需要优化学习的学生。总之，依据与标准相关的学生技能水平，每个小组的学生人数是不同的。

表 5.6　课堂内的课程压缩

课程压缩	高水平掌握	接近掌握	入门阶段
依据主题和标准，每个小组的学生人数都不一样。			
课程压缩可以应用于优秀的学生。通常来说，压缩并不是必需的。			

我们并不是建议教师在一段时间里监测学生或把他们限制在同质的小组里，但是有时，我们需要在一个具有挑战性但并非高不可及的水平下培养学生的技能。依据指定的目标和他们现有的水平，偶尔这么做能够提高所有学生的技能水平。有时候，一个人数少的、由相同水平的学生组成的同质小组有助于深化他们的某种技能；但是，在更多情况下，学生水平不均等的异质小组会更有利，并且可以鼓励学生用各种丰富多彩的观点来互相启发。学生可以独自学习，或和兴趣相投的伙伴一起学习，或在一个关注相同资料和应用的小组里学习。这将取决于学生的数量以及他们的兴趣和学习偏好。

日程

教师或许可以请学生设计一个日程表来追踪自己的学习时间、记录自己完成的任务（见表 5.7）。对每一堂课、每一天或每一个单元的学习，学生都可以填写日程表中的日期栏和任务栏。在每项任务完成之后，他们要在日志栏中写下详细的过程，然后按时间顺序在下一栏里记录他们的反思。之后，每个学生和教师可以就所填内容进行讨论，最终在最后一栏签字核准。

在完成任务的过程中，学生也可以使用双重责任日志（见表5.8）来管理每项学习任务的进展情况并且记录反思内容。在整个任务进行的过程中，这种持续性评估能够帮助教师和学生清楚地看到成功、进步和需求。它有助于学生追踪自己的学习时间，反思自己的学习情况，并为下一步的学习设定目标。

任务调整和课程压缩是两种不同的技巧，懂策略的教师会用它们来使学生感到学习起来很舒心并能胜任学习任务。大多数教学策略可以用来调整学习内容。

表5.7　追踪时间和任务的个人日程

| 我的日程（姓名）：＿＿＿＿＿＿＿＿＿＿ |
| 开始（日期）：＿＿＿＿＿＿＿＿＿＿ |

日期	学生任务	日志——我如何利用我的时间	反思	完成日期——教师和学生签字核准

表5.8　双重责任日志

双重责任日志要求学生记录或列出关于学习内容或学习过程的事实和信息，然后迅速做出反思或在另一个时间把它融入自己的思维之中从而加深理解。它让学生通过加工信息来获得对知识的理解并赋予其意义。它也能促进学生重新审阅资料来阐明或丰富自己的思考。

事实或观点	思考和反思

灵活分组

找到合适的小组规模

我们经常需要通过灵活分组来帮助我们开展差异教学。每个人都有强项、弱项以及不同的兴趣爱好。教师需要依据学生的表现水平，把学生放在适合他们的小组里，从而最大化地利用教学时间。灵活分组让学生依据自己的表现、兴趣和知识基础水平来决定自己的学习进度。给学生分组是为了满足他们学习的、情感的和个人的需求。如果某一组学生都善于交际，和大家相处融洽，那么这一组学生通常就会实现教学期待。

分组时，使用 TAPS 原则（全体、个人、两人一组、多人小组），个人的社会需求更有可能被满足。这些分组方法可以在课堂上适时使用。一些学生可以使用以上所有的分组方法来很好地学习，但要注意的是，每个学生都有自己的学习偏好。（Cherniss et al., 2001）

一个自我认知智能非常优秀的人可能更愿意通过个人独自学习来解决问题。他可以独立解决问题，看不出进行小组合作的需要。思考总是需要一些时间的，通常这类学生在小组协作的情况下会变得很安静，并且为了对学习进程进行加工整理，他们会更多地使用元认知技能。

其他一些学生也许会有很强的人际交往智能，他们有时被称为"像蝴蝶一般善于交往"。他们时常感觉有必要和别人讨论概念，以便获得充分的理解。他们更喜欢与他人一起学习，而不是独自学习。这些学生在小组合作时会把同理心与和谐带到小组里。

组成学习小组需要具备以下条件：

- 足够的空间来学习；
- 明确的方向和步骤；
- 建立规则和学习原则；
- 为完成小组任务需要给组内每个人分配角色；
- 为完成学习任务需要做好时间分配；
- 发掘所有成员的长处。

有些学生独处时学得最好，有些学生与其他人组成小组时能更好地学习。因此，要为学生设计不同的选择，从而利用好他们不同的准备水平、兴趣、天赋和学习方式。一种有效的、高质量的预评估有助于决定哪种分组方式对特定部分的学习是最有效的。在差异效学中，灵活的分组方式常常使用，并且永远处于变化中。

TAPS（说唱）

全体（T）

个人（A）

两人一组（P）

多人小组（S）

切记！

- 有些东西需要教给整个班的学生。
- 有些东西需要告知全体学生。

- 独自学习时，学生会以自己的方式解决问题。
- 他们将要对他们所想的、所做的、所说的负责。

- 与同伴一起时，他们可以分享很多想法和观点。
- 他们可以一起学习并互相展示解决方案。

- 在有效的小组里，成员们会携手合作。
- 利用小组所有成员的智慧和想法，他们的学习会加速。

- 因此，请使用多种方式来给你的学生分组。
- 这种 TAPS 原则能发掘每个学生的潜能，而这，也是我们的教学应该做的。

表 5.9 列出了 TAPS 中四个分组类型的定义及相应的可行性建议。

表 5.9　TAPS 中的定义和建议

全体	个人	两人一组	多人小组
定义			
• 整个班的教学 • 所有学生都做相同的事 • 通常，教师会给予指导	• 学生根据自己的选择或教师的指导独立学习	• 随机把学生分成两人小组（通过报数、排序等方式） • 教师设计分组 • 学生自行选择分组 • 以任务或兴趣为导向来分组	• 教师和学生随意地或有组织地分组 • 以兴趣或任务为导向来分组 • 异质分组 • 同质分组（促进学生技能发展）
建议各组采取的教学策略			
• 预评估 • 示范新技能 • 特邀发言人 • 提供新信息 • 观看视频 • 运用小规模的分组 • 完成课本上的作业 • 网上搜索	• 预评估 • 自我评估 • 独立学习 • 记笔记和总结 • 反思 • 日记记录 • 成长记录袋评估 • 出场券（答对就可以出门下课）	• 头脑风暴 • 加工信息 • 检查以促进理解 • 同伴修改 • 同伴互评 • 开展研究 • 对相似主题的兴趣 • 设计作业 • 检查作业	• 小组项目学习 • 学习中心（站） • 达成一致意见 • 合作型的小组学习任务 • 解决问题 • 成长记录袋会议 • 小组调查 • 旋转木马式头脑风暴 • 涂鸦式头脑风暴

注：表格引自 Gregory & Kuzmich，2004。

分组策略

以下是给学生分组的一些策略、方法，以更好地满足他们的学习需求。

对学科的掌握程度

在异质分组的课堂上可以对其中的少数学生进行群聚分组（cluster grouping）。这种方式即根据学生以前的经验和对某个主题的了解程度把学生进行分组。在学习开始时，对他们进行预评估，判断学生都已经知道些什么。这样一来，每个组都分配到了任务，且这些任务囊括了为新学习者以及经验丰富的学生提供的各种机会。当以这种方式进行分组时，学生会面临挑战，并对学习任务产生兴趣，而不是对已经学过的知识感到无聊或对一无所知的东西感到疑惑不解。

例如，在科学课堂上，一名或多名学生可能对海洋生物的组成非常了解。这些学生的浓厚兴趣对整个班级来说是一种宝贵的资源。他们需要学习，增加背景知识，而不是复习他们已经知道的信息。科学课堂上将要学习的下一个单元的内容对他们来说可能是一些不熟悉的东西，这样他们就需要获得一些基本知识，和不同的小组一起来学习。个人的知识基础是以亲身经历为依据的。新学习者或初学者比有经验的学习者需要更多的基本信息。

执行任务或施展技能的能力

每个人都拥有某一方面的才华和技能，在这方面他（她）会比他人做得更好。有的小组可能在某些技能上较为娴熟，而有的小组可能在某些技能上不太娴熟且需要大量的帮助，还有的小组是由学习高手和新手组成的，学习高手们在这门学科中学得很好，而新手们则需要一对一的指导和帮助。

按能力分组的目的是让学生通过对个体有挑战和激发作用的材料和信息来学习。通过调整，任务会变得不同，具有不同的难度水平，问题的设置要根据学生的理解水平，使其能从已掌握的信息中获取答案。

这样分组会促进学生持续的成长，因为同一种尺寸不能满足所有学生的需要。

对特定领域内容的兴趣

如果学习者对某个主题或学科感兴趣，期望和情感就会使其投入其中。谈话、兴趣调查和目录清单给了教师一些有关学生学习的信息。为什么呢？因为通过寻找学习者感兴趣的内容，教师可以为新的学习建立联系，使学习者有学习更多知识的欲望。学生通常对艺术、体育、游戏、角色模拟以及课外挑战智力的活动感兴趣。在学校，如果找到学生的兴趣，更有可能使他们投入到学习中。对于学生感兴趣的内容，学习会变得更容易，学生集中注意力的时间也会变得更长。

同伴辅导

让有特殊需要的学生互相帮助，是一种让他们对了解自己已知的信息以及如何使用信息承担责任的方法。学生在辅导别人功课的过程中也会从这种经历中获益。如果你教给别人一些内容，你会牢牢记住它并且清晰地意识到你知道什么以及你是怎么知道的。被辅导者也会从这种经历中获益，因为它是针对个人需要的个性化教学。学生经常使用与教师不同的语言来互相沟通，而且有时候，他们解释信息的方式可能更容易让同学理解。同伴辅导、同伴阅读和同伴日记是常见的同伴学习方式。

何时使用同伴辅导好呢？那就是当一名学生刚开始投入一个过程、技能、概念或标准的学习的时候。当"灯泡"亮起，问题得到解决时，学习者告诉他人他们是如何解决问题的，或者他们理解的细节。例如，一名学生一直在努力理解一个概念，终于她明白了，理解它了。她准备告诉大家她是怎么做到的。她会给出一步步思考的过程，并用语言解释来使别人理解。这就是一种"最后，我理解它了！"的感觉，有一种想要说"让我来告诉你吧！"的欲望。

通过反复练习，"自动性"会产生，而且动作会在小脑的程序性记忆中变得牢固。把程序分解成清晰的步骤是一个高阶思维过程，它能促进能力强的学生和新学习者强化学习过程。

合作学习

在差异化的课堂上，高效、灵活的两人搭档和小组合作是必不可少的。请记住，如果一个小组的人善于交往，相处融洽，他们通常会顺利完成相应的任务。学生在讨论和梳理信息时，既学习了社交技巧，又学习了认知技能，而且经常会使用更高水平的思考方式。

当运用合作学习时：

- 小组需要就一个共同的目标或特定的任务达成共识；
- 这些小组中的学生都被赋予特定的角色来完成特定的任务；

● 个人和集体责任感都要建立起来，这是合作学习的一个重要组成部分。

小组合作学习方面的专家建议，应该把不同水平的学生分在一组：

娄和其他一些人（Lou et al., 1996）的研究结果对这次讨论有重要意义，他们发现：与完全不分组相比，各种能力水平的学生都能从按能力分组的方法中获益。而当把能力低的学生分到与他们一样水平低的小组时，他们通常表现得更糟，这与把低水平的学生放在能力各异的小组中的情况相反。（Marzano et al., 2001，p.87）

异质分组更像是现实世界的运转方式，在现实世界中，人们并不一定能够选择与谁一起工作。因此，在课堂上，我们需要让学生有机会与兴趣、观点、经验和能力不同的人一起工作。（Frey et al., 2009）

小组的规模很重要。一方面，如果小组规模过大，学生可能会失去关注，而且小组在管理过程中会遇到困难。有些学生会成为游手好闲的人，让别人替他们完成工作。有时候，会出现少数学生控制整个组并且把其他人排除在外的现象。一个大组更容易产生分化，会有一些学生选择自己独立学习。

另一方面，规模小的组往往会增加让每个人都有完成特定任务的机会，沟通效果最优，而且会使冲突减少。

为了促进合作学习，学生需要培养和练习社交技能，以增加在小组合作中成功互动的机会。社交技能是 21 世纪所需要的一项技能，需要把它整合到课程中以促成学生获得成功。小组合作学习不仅能帮助学生提高社交技能，也可以促进学生的学业表现，并且让学生对学校和正在学习的学科产生积极的态度。（Johnson et al., 2009）

对于随机产生的异质分组，我们可以尝试使用基于布伦纳老师观点的木棒选择法（见表 5.10）。

表 5.10　木棒选择法：可用来随机组建异质学习小组

通过使用木棒，你可以快速、有效地随机创建小组。当学生进入教室时，给每人发一根木棒。下面的列表向你展示了给每根木棒要涂的颜色。给木棒编号，并使用马克笔给每根木棒涂两种颜色。你可以使用工艺棒或压舌板。在给学生分好组之后，你可以回收这些木棒，以免丢失或毁坏。

续表

序号	颜色	颜色	序号	颜色	颜色
1	蓝色	橘色	19	黄色	橘色
2	黄色	粉色	20	绿色	紫色
3	红色	紫色	21	红色	粉色
4	绿色	粉色	22	蓝色	紫色
5	黄色	橘色	23	绿色	橘色
6	蓝色	紫色	24	黄色	粉色
7	绿色	紫色	25	蓝色	粉色
8	红色	粉色	26	绿色	紫色
9	红色	橘色	27	红色	橘色
10	绿色	橘色	28	黄色	橘色
11	蓝色	粉色	29	黄色	粉色
12	黄色	紫色	30	绿色	紫色
13	黄色	紫色	31	蓝色	橘色
14	红色	橘色	32	红色	粉色
15	绿色	粉色	33	红色	紫色
16	蓝色	粉色	34	黄色	紫色
17	蓝色	紫色	35	蓝色	粉色
18	红色	橘色	36	绿色	橘色

- 每四根木棒组成的一组（1—4，5—8等）都至少有四种颜色：绿色、黄色、蓝色和红色，每根木棒上都至少有这四种颜色中的一种。如果持有这样四根木棒的小组是一个小团队，那么教师可以根据四种颜色——绿色、黄色、蓝色和红色——来给各组内部的学生分配角色。而随机再分组时，就可以让有两种相同颜色木棒的学生组成新的小组，可能一些小组会有两个人，一些有三个人，一些有四个人。
- 要组成四人小组，使用黄、绿、红和蓝色作为建组标志。
- 要组成三人小组，使用橘、粉和紫色作为建组标志。
- 要找到搭档：1和2是一对，3和4是一对，5和6是一对，依此类推。

更多异质分组

差异教学为学习多样性和异质分组提供了很好的空间。根据希拉·西尔弗赛德（Sheila Silversides）提出的观点，马车车轮编组可以用来快速、随机地把学生分为三人或四人小组。（Kagan，1992）这样的小组里可以包括一个初级水平的学生、一个或两个平均水平的学生以及一个熟练水平的学生。如图 5.7 所示，4 个同心圆被固定在一张纸的中心，以便它们能够旋转。

根据学生对某项技能或某个概念的准备程度和能力高低，把学生的名字记录在四个圆圈里。或者可以依据学生的学习风格、多元智能或阅读水平，把学生的名字放到一个圈里，以促进真正的多样化学习和异质分组。为了形成一个新的学生小组，保持最里面的一圈静止不动，把外面的一圈转一圈，再外面的一圈转两圈，最外面的一圈转三圈。那么，从中心到外圈，将会形成四个全新的小组，在每个新的小组里，都有三种类型的学习者。

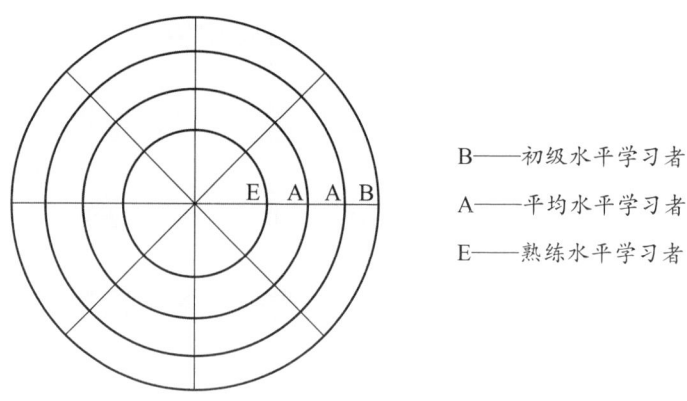

B——初级水平学习者

A——平均水平学习者

E——熟练水平学习者

图 5.7　马车车轮编组：旋转同心圆来组建由三四个处于

不同水平的学习者组成的小组

小组内的分享

有时候，教师对学生进行分组是为了请其相互分享信息、共同研究某一主题或反思和庆祝取得的成功。学生可以互相学到很多东西。

从多个渠道、多种声音听到信息会让学生感到很新鲜。它促进了学生对知识的复习和对信息的加工，从而强化和厘清了自己的思路。它还可以为一些学生提供必要的活动以满足其身体上的需要。

分享的时候，学生可以站着，或坐在地板上，或围坐在一张桌子旁，或重新排列桌子，或创造其他有利于对话的舒适空间。在整个课程中，要为对话、讨论和教学做好上述准备，使学生对他们自己的学习负责。这就给了学生学习的所有权。

能量伙伴

教师可以用"能量伙伴"的合作模式请学生以口头方式相互分享和加工整理所学。让每个学生选择一名他们觉得可以与之有效沟通的同学。为了避免大范围的移动，鼓励学生选择靠近他们座位的伙伴。形成伙伴后，两人离开自己的课桌，站起来，面对面地分享信息。每组伙伴决定谁是 A、谁是 B。这有助于平衡每个人的发言时间。教师分配任务，并给 A 和 B 分配具体的角色和任务。

例如，教师说："站起来并面向你的伙伴。A，请你分享在昨天的讨论中你还记得的内容。现在，B，请你分享从昨天的学习中你还记得哪些。"组建的二人小组可以保持一个长时间的伙伴关系，如一年、一个学期或在学习某一单元的时间范围内。他们保持如此长时间的伙伴关系是为了使彼此团结起来。他们建立起信任和友谊，并带着更多的热情来分享信息。不过，在差异化的教学环境中，灵活分组的方式是持续进行的，而且，任何学生都需要并将会与其他某个学生在某个时间点为了某个特殊原因一起学习。这使学生有机会走出自己的座位，并讨论学习中的重要部分。在任何给定的时间里，要让一半的学生都参与到学习当中，而不是仅仅让一个学生来回答问题。

头脑风暴

学生形成小组并进行头脑风暴，提出观点、想法和解决方案。在布置了任务之后，给每个组员一些时间来独立回答问题并加工整理答案。这段思考时间使每个学生形成自己的想法，从而可以与小组分享。

每个小组要有一名记录员，写下所有人分享的观点。这样一来，该小组每个成员都可以跟上讨论进度并记下讨论内容。把学习单上的任务分配给小组后，该小组可以通过组内使用头脑风暴记录清单的方式达成共识。

可以尝试整个班的头脑风暴。如果学习单上有多个任务要完成，教师可以要求学生通过头脑风暴的方式把任务都写在大海报纸上，先给出第一个任务的说明。给全班完成这一任务的时间和任务完成后的示意信号，然后进入下一组任务的说明指导。一直这样下去直到完成整个大海报纸上的任务。

也可以尝试针对可调整的任务的头脑风暴。在学习单上提前设计好具体的日程表，使每个小组都能够在头脑风暴清单上完成其具体任务。

团体群聚法

团体群聚法是借助小组来讨论策略或分享个人的想法、成果或有关事实。如果完成任务需要讨论，教师可以决定讨论的长度，而且可以让学生站在一个"谈话圈"里讨论。当一个组有不超过四名学生时，讨论效率最高。如果学生要分享学习成果或制作的作品，他们可以在桌子旁围成一个圈，或围坐在地板上，或紧凑地坐在凳子上。

这种分组方法可用于多种目的：

- 分享学习成果；
- 就某一问题的一个方面来进行辩论；
- 加工信息，反思成果并在课堂上反馈自己的思考；
- 分享个人知道的信息。

围绕特定内容的谈话

先形成一些小组。划分任务，并让各组分别负责阅读、讨论或者准备自己组被分到的那一部分任务。给组内成员分配角色，这样大家能共同承担责任，并且所有小组都能完成任务。

研究探索

这类任务是请学生研究其自选的或被分到的主题。学生在选择他们想要研究的内容时常常需要在他们小组内达成共识。学生往往会渴望了解更多关于主题的知识，可以鼓励小组把任务分配给每一个小组成员。

例如，在小组内，一名学生可能去媒体中心或资源中心查找信息，另一名学生可能会在网上进行搜索，还有的学生通过采访来收集信息。当然还会有一名学生，把大家找到的所有数据都收齐，记录和整理这些数据。这又会促进《共同核心州立标准》中所建议的复杂文本和资源的阅读。

实验，实验室，学习中心，学习站或项目组

通常，由两三个学生组成的小组最有成效。当资源和材料有限时，如科技设备、媒体材料、实验室设备或者教具有限时，会使用这种分组。学生在小组内分享信息，协同学习并创造作品、解决问题，或学习新的方法和程序。

年龄混搭的分组方式

这种方式即由不同年龄的学生组成小组来相互学习，共同协作。举例来说，不同年龄层次的学生群体能够为了一个共同的目标一起工作和学习。这将建立一个潜在的指导情境，或者至少带来了不同年龄层次的群体彼此交流时的独到见解。这种策略对阅读小组、电脑迷群体和问题解决小组很适用。几位不同年级的教师可以促进不同年龄的学生结成小组。年龄混搭的分组方式也可以用来促进项目开展和调查工作。年龄的多样性为工作的进行带来了独特的背景经验和所需的知识。学生可以向榜样学习。语言习得和创造性的想法往往会在这些混合组里得到分享。

请记住，挖掘学生的潜能！在他们的生活中，学生既需要单独学习，也需要与他人合作。学生需要在所有类型的小组里进行体验，以便在未来成为有效率的工作者。教师需要根据学习任务、学生的需要和特定的标准组建合适的小组。

差异化课堂能以"裁剪后大小合适"的课程来满足不同学生的需求，而调整、压缩和分组是差异化课堂的重要方面。

章后反思

假设不久之后你会教授一个单元的课，请在你的专业学习共同体中讨论以下问题。

1. 你对教学的期待和教授的标准是什么？

2. 为了了解学生的先前知识、技能以及和学习标准相关的兴趣，你会使用哪些评估工具？

3. 设计一个可调整的任务图，以反映单元知识内容与技能。

4. 根据你收集的数据，你会做出怎样的教学决策？

5. 学生每天、每周会用到哪些小组合作方式？

6. 你会在教学中有意平衡 TAPS 的各类分组方式吗？

7. 这些分组是有意识地构建的还是随意形成的？

6 促进学生成功的教学策略

正如同一种尺寸不能满足所有人的需要一样，每个学习者都是独一无二的。教师必须认识到，他们需要多种不同的教学策略以便选择、调整和修改。就像对一件衣服进行这样那样的小调整只是一个开始，但是为了让衣服合身可穿，大的改动、替换有时候是很有必要的。

使用多种教学策略

为了能用多种方式来教授知识，教师需要准备丰富的教学策略。在合适的时间使用正确的策略最为关键。教师常常会不断收集新颖的方式来教授重要的知识。教师常用的一些教学策略有：视觉材料、图形组织器、音乐节拍、记忆术、流程图、排序、寻找模式、立方体、选择板和技术。有趣的导入（"钩子"）、一段学习结束时的庆祝活动则是一些吸引学习者的激励策略。

在教授完知识之后，就该给学生一项任务，让他们用学过的材料来完成。学生的参与是关键！教师应当变换教学策略，使学习者永远不知道他们接下来面临的挑战是什么。学生只有成了学习的主人，真正的学习才有可能发生。教学策略和学习任务一定要及时、适当和有刺激性。

再次强调，学生的参与是至关重要的。帮助学生取得成功和激励学生的一种方法是给他们选择的机会。时间要花在符合标准而且是学习者自己选择的任务上。此外，调整后的任务会激励学习者去完成，因为它符合学习者个人的挑战和需求水平。

大脑和学习

我们知道，对所有人来说，大脑的某些功能是先天性的，它影响课堂中教与学的开展方式。俄国心理学家维果茨基提出了有关学习的社会建构主义理论，很多差异教学的前提都是基于这一理论的。

1. 社会交往互动（教师对学生，学生对学生）有助于学习。

2. 为了学习，我们需要一个知识更渊博的人（教师、教练或导师）。

3. 如果任务的难度是在学生的能力范围内并且学生能在完成任务的过程中得到一个知识更渊博的人的支持，学生将能更好地、更愉快地完成任务。要明白每一个学生都是独一无二的，他们在以往经验和背景的基础上，拥有不同的大脑构造，教师提出的挑战任务必须刚好能超过他们的能力水平。这就是维果茨基提出的"最近发展区"。

教育不能面向昨天，而是要以孩子发展的明天为导向。只有这样，教育过程才能面向生活，而这些发展的过程就处在学生的最近发展区中。（Vygotsky，1993，pp.251—252）

虽然独特性是大脑特征的一个重要方面，但是关于大脑如何工作，我们也已经了解了一些。比如，大脑喜欢新的刺激，大脑会对信息进行处理，并将其存储在记忆中。

大脑是如何工作的

首先，让我们来了解大脑工作的过程，这样，我们就能在设计差异教学时对其有所考虑。从大脑研究中我们得到一条重要的信息，在外部环境的刺激下，大脑在整个生命过程中会持续发展。神经可塑性是指由于新的学习机会，大脑进行生长和改变的过程。实际上，在神经元之间，由于环境的刺激和多重的感官体验，大脑确实会长出树突（树枝状连接）。（Diamond，2001）

在课堂这种环境下，大脑会发生物理改变，因为在课堂中，学生会参与到有意义的、有刺激性的体验活动和任务中。通过感官，信息被大脑接收，这通常称为感觉记忆。感觉记忆对在环境中生存下来是很重要的，它持续大约四分之三秒。

注意力

人类之所以会发育出大脑这种生理器官，不是为了上学，而是为了生存。所以，人的各种感觉是第一道防线，它们能保护人类免于灭绝。因此，一旦出现任何潜在的危险或不同寻常的东西，所有的感官都会处于高度警觉的状态。

潘克塞普（Jaak Panksepp）指出，每个人都有一个基本的生存系统。

（Panksepp，1998）大脑总是在追踪和搜索用于生存的资源。探索环境是所有人与生俱来的能力。痴迷网络是 21 世纪的人类大脑仍旧拥有"搜寻系统"的一个例子。当我们找到想要寻找的东西后，内侧前脑束（大脑的快感 / 奖赏中心）就会受到刺激，从而打开中脑多巴胺能通路，释放多巴胺，创造一种欢快的自然感觉。学习的成功和愉快可引起相同的多巴胺的释放。这种"搜寻系统"可能是大脑系统中主要负责产生和维持好奇心的部分，即使是在纯粹的知识探索领域也是如此。

在人的五种感觉中，视觉、触觉和听觉是捕捉注意力最有效的感觉。有许多环境因素不断冲击我们的感官区域来吸引我们的注意力。新奇的事物、色彩、幽默和实践活动都能吸引学习者的注意力。情绪在提高注意力方面也发挥着很大的作用。积极或消极的情绪就好像钓鱼的鱼钩一样，能引起学生关注或参与到活动中。但过于沉重的"包袱"，如校园霸凌或家庭问题，实际上可能会阻碍学生在学习时集中注意力。一方面，当我们压力过大或面对过高的挑战时，大脑新皮质会转变成战斗或逃跑的反应模式①，并且会停止思考。而另一方面，乐趣、欢笑、玩耍和高挑战并且是低威胁的环境能帮助我们集中注意力，而且可以提高快感神经传递素，例如大脑中的多巴胺和去甲肾上腺素水平。

吸引注意力的活动

如果教师想要吸引学生的注意力，他们需要一些策略。我们可以采用以下一些活动：

- 帮助学习者集中精神和注意力；
- 去除干扰物；
- 打开心理档案；
- 提供选择；

---

① 战斗或逃跑的反应（fight-or-flight mode），心理学、生理学名词，为 1929 年美国心理学家怀特·坎农（Walter Cannon）所创建。其发现机体经一系列的神经和腺体反应将被引发应激，使躯体做好防御、挣扎或者逃跑的准备。——译者注

- 鼓励自主学习；

- 利用"黄金时间"；

- 填充未分配的时间——延长、充实或者挤出额外的时间。

在课堂开始时，使用吸引注意力的活动或铃声可以帮助学生去除干扰物，专心于激活先验知识，并保持注意力。在指定区域，张贴这类吸引注意力的活动的指导语，使学生一进入教室的时候就知道在哪里可以找到它。

"下锚"或"海绵吸水"活动

学生在学校一整天的时间里，有时候可能会提前完成教师布置的基本学习任务。为了牢牢抓住学生的注意力（就像锚可以固定船舶的位置一样），教师可以给学生布置其他一些任务，以免浪费教学时间。如果时间充裕，也可以给学生布置一些"海绵吸水"活动，让学生像海绵吸水一样，充分利用额外的时间。当教师正在辅导某个小组而其他小组的学生已经完成任务时，这些活动就能派上用场。这些"海绵吸水"活动能帮助学生变得更加自主，有时候，学生会比较关注个人的追求和自我规划，或者一些他们正试图掌握的标准和技能。在"海绵吸水"活动中，教师可以提供更为广泛或更为普遍的任务，例如：

- 在计算机上开发一个填字游戏来复习某个主题；

- 使用计算机针对某个概念或主题开发一个单词网络图；

- 修正一周学习日程安排；

- 努力完成单元终极任务；

- 运用单词网络图梳理本单元的概念和观点；

- 检查成长记录袋中的各项材料，对目前手中的学习证据进行反思，思考成长记录袋中某些学习材料是否应该被删除或者替换。

这些更为广泛或更为普遍的任务应该在教室的墙壁上张贴数周，以供学生参考，使他们空余时间能够富有成效地吸收更多的知识。

吸引学生参与的活动不能只是有趣的，还应该和学习过程中的目标相联系。活动可以好玩，但教师在设计时也应该重点关注那些必要的内容和学生要培养的技能。

吸引注意力的活动可以采取不同的形式。例如，有位数学教师就曾让学生拿出纸和笔完成以下活动：

- 从 1 到 9 中选择一个数字；
- 将该数字乘以 9；
- 把所得数字的个位和十位相加；
- 将相加结果减去 5；
- 所得数字是几，就在字母表中按顺序找到第几个字母；
- 选一个以这个字母开头的国家；
- 选一种动物，这种动物要以表示这个国家的单词的最后一个字母开头；
- 选择一种颜色，这种颜色以表示这种动物的单词的最后一个字母开头。

然后教师问学生："你们是不是写出了'丹麦''袋鼠'和'橘色'这几个单词？"

"哇！"学生们大喊，"您是怎么知道的？""你们想想看，为什么我能知道？"教师提出挑战。学生迫不及待地与同伴共同分析过程并发现，当用 9 乘以任何一个数字，所得积的个位和十位数字相加，结果都等于 9，然后减去 5 得 4。字母表里，第四个字母就是 D。根据要求，大部分人会选择丹麦（Denmark）这个国家，其最后一个字母是 K，人们就会想到袋鼠（Kangaroo）。袋鼠的最后一个字母是 O，然后就得出橘色（Orange）。接下来，教师继续带学生复习关于 9 的乘法表。很明显，他知道如何使学习更加有趣，如何让学习方式更加新颖，如何为学生提出挑战性的问题。大脑喜欢建构意义，并且总是试图在信息之间或过程之中寻求关联、建构模式。

在另一个课堂上，一位教师让学生在课堂开始时在一张小卡片或者纸上写出如下内容：

- 我昨天学到的三项内容是……
- 这让我把 ××× 和 ××× 联系到了一起。
- 我还想问的一个问题是……

以下是另外一些可以吸引学生注意力的活动例子：

- 和学生做寻物游戏，让学生在书中找到＿＿＿；
- 解决＿＿＿页的＿＿＿问题；
- 找一位伙伴一起复习家庭作业；
- 回答今天的智力热身题（贴出智力热身题目）；
- 请学生准备好今天活动需要的材料（列出教学活动）。

已知—想知—新知

教师常常会用到 K–W–L 表格（Ogle，1986）。K（Know）代表学生对某一主题已经知道的内容，W（Want）代表学生想要知道的内容，L（Learned）表示一节课结束或者一个单元学习结束时，学生通过反思获得的知识以及过程方法。

这个策略为我们打开了学生的心理档案，能使我们了解学生已知的内容，刺激学生产生对学习的期待，激发学生对即将学习的内容的好奇心。在单元学习末期，当学生反思和交流他们的学习所得时，这一策略又可以带给学生成就感和满足感。

其他吸引注意力的策略

其他吸引注意力的活动可以有很多种形式，如提出挑战、问题和质疑或写学习日记。教师要为学生提供需要回顾和运用先前知识的任务。比如，把阅读一章内容当作家庭作业的学生可以和同伴坐在一起，从本章中找出尽可能多的表达情感的词，以理解其中的人物角色。

有时，教师可以为学生提供选择的机会，以充分利用他们的兴趣。这些技巧也可以视为预评估。它们有助于师生设立目标，设计并选择适合个体和小组学习的学习任务。

下面的例子是一系列吸引注意力的任务，教师可以提供给学生，让学生进行选择。

从你们昨晚阅读的章节中，选择下列其中一项任务，可以单独完成或者小组合作完成。

- 通过绘制连环画来展示这一章的事件；
- 在日记中，记下这一章的大事；
- 描绘这一章的场景以及场景是如何和事件关联的；
- 如果你是新闻广播员，你会实时报道这一章中的哪些内容？
- 用自己的语言改写这一章的一段话，使用同义词代替作者的表述。

记忆

如果个体的注意力被某一事件吸引，感官输入的信息要么被输出，要么传递给短时记忆或者工作记忆中。一旦注意力将数据从感官记忆转移至短时记忆或工作记忆中，这些数据就成为有意识的信息。除非我们以某种方式进行信息处理，否则数据在有意识的短时记忆中只能维持 20 秒。

我们知道，在人的心理年龄处于 15 岁时，短时工作记忆的容量是"7±2"个记忆片段（Miller, 1956；Pascal-Leon, 1980）。记忆能力是随年龄增长的，从 5 岁时的 2 个片段，每隔一年增加一个片段，直到 15 岁。处理超过 7 个片段的方法就是把它们变成包含更多片段的更大的信息组块（每个组块包含若干记忆片段）。

复述

工作记忆的处理过程叫复述。复述和练习有助于我们组织、分析、理解和记忆知识。复述分为两种形式，机械复述（以同样的方式重复知识）和精细复述（把知识和已有的数据相联系，或者放置于情境中复述），二者的区别见表 6.1。

精细复述有助于组织和联系储存在长时记忆中的知识。机械复述对一些知识的学习来说是有用的，如通过操练与记忆形成自动记忆的乘法运算，但是对于需要持久理解的知识，学生需要的不仅仅是死记硬背。（Wiggins et al., 1998）

机械复述的内容保持时间不长是因为它与长时记忆关联不大。大脑乐于寻找模式，喜欢理解和联系新旧知识，所以精细复述策略能更好地促进长时记忆。

表 6.1　机械复述和精细复述

机械复述	精细复述
● 练习	● 加工记忆
● 背诵	● 图形组织器
● 训练	● 角色扮演 / 模仿
● 重复	● 韵律 / 说唱 / 歌曲
	● 学习中心（站），项目学习
	● 多元智能
	● 问题解决 / 探究
	● 表演
	● 展示

情境

情境对记忆和学习起着重要的作用。去农场或者科技馆进行实地考察能让学生产生强烈的情感联想和丰富的感官刺激。这些经历有助于人们在大脑中巩固相关经验和概念。情境记忆是用于描绘学习情境或者场所的术语。（O'Keefe et al.，1978）陈述性记忆是和事实相关的信息（谁、什么、哪里、什么时候、怎么样），是由大脑中的海马体处理的。

学生在学习某个特定知识的教室里更容易回忆所学到的内容。学习的情境也能把学生带回到学习发生时的鲜活场景中。学生在学习发生的教室里进行考试似乎会发挥得更好。如果教课的老师也在教室，他们可能会考得更好。

情感

情感不仅在吸引学生注意力方面发挥着重要的作用，而且在记忆和学习方面意义重大。当经历唤起人们强烈的情感时，大脑的情感哨兵——杏仁核就会为记忆刻上记号。（Goleman，1995；LeDoux，1996）学习和生活中的很多重要事件，都由情绪强化和控制着。比如，我们或许都记得当我们听说 2011 年本·拉登死亡时我们具体在哪儿。情绪和情境结合能产生生动的记忆。

联想概念

帮助学生处理大量信息的方法之一是围绕概念组织相关信息。比如，学生可以在变化、关系、信念和共同体这类概念之下组织相关的联想。当学生将这些与概念相关的心理档案打开时，大量的信息就会被释放出来。

概念也能帮助学生看到更广阔的图景，有助于其组织信息和深化理解。通过对概念的联想，知识通过大脑皮层以相互联系的方式被组织起来，直到学生在工作记忆中对其进行检索，它们才成为有意识的信息。

例如，当有关"生日"的心理档案被打开时，所有和生日相关的事实、想法、图像、记忆，以及情绪都会进入学生的自觉意识层面。当学生在其神经网络中搜寻检索时，大脑会把记住的知识全部回忆出来。一种记忆会激发另一种记忆，这就解释了为什么头脑风暴是一种激活先前知识的有用工具。大脑在扫描多个"档案"时，一个想法会激活与之相关的另一个想法。

回忆与复述

信息进入短时记忆后会出现三种情况。它们可能会被遗忘（因为它们对学习者来说毫无意义，或者学习者没有进行足够的练习来确保大脑细胞间的联系长出足够的树突），也可能得到进一步练习，或被转移到长时记忆中。一旦进入长时记忆，信息就能永久保持，但是如果不用，随着时间的流逝，它们也很难被检索和提取。（Pinker，1998）"用进废退"说的就是这个道理。

为了加深对知识的理解，学生需要更多的机会进行多次和多方面的回忆与复述。多伊尔和施特劳斯（Doyle et al.，1976）提出，我们常常给人们太多的口香糖（内容），但却没有给他们足够的时间去咀嚼（过程）。正如著名教育家和组织变革咨询师鲍勃·加恩斯通（Bob Garnstom）提出的，要记住更多有价值的知识，就需要"少一些口香糖，多一点咀嚼的时间"。

从长时记忆中提取信息取决于信息的数量和复杂程度，这通常需要花3—5秒。这就是为什么在回答问题时需要留有候答的时间。（Rowe，1988）因为信息以相互连接的方式储存在大脑皮层，学生在神经网络中搜寻信息，把无意识的长时记忆变为有意识的短时记忆是需要时间的。图6.1可以看出短时记忆和长时记忆中注意力的演进过程。

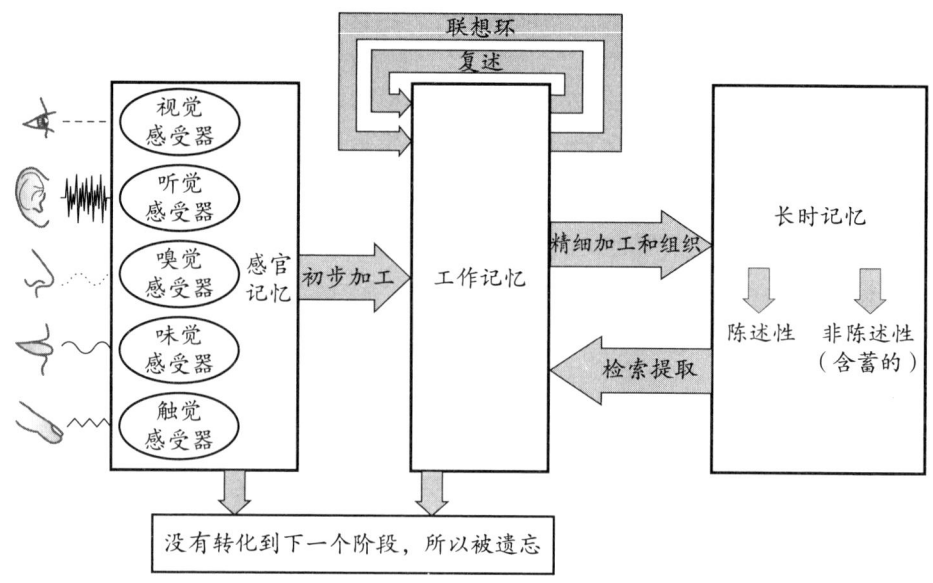

图 6.1　学习记忆新知识：一个复杂的过程

注：图片引自 Nevills, P, Wdfe, D. *Building the Reading Brain*, Prek-3,2nd edition,P.82, 2009, Corwin Press。

能引起感官注意（视觉、嗅觉、触觉等）的新信息可以转化成有意识的短时记忆。

1. 在短时记忆中，这些新信息能触发对其他信息的检索提取。

2. 当信息已经储存在长时记忆中时，实际上就打开了储存在大脑皮层上有着先前信息的被封存了的档案。

3. 通过检查这些信息并把先前学习的知识和新知识联系起来，最新的知识就能转化到长时记忆中。

4. 至此，知识就被习得并被记住了。

长时记忆有两种类型：陈述性的和程序性的，如表 6.2 所示。

表 6.2 长时记忆的两种类型

陈述性的	程序性的
事实 ● 谁? ● 什么? ● 哪里? ● 为什么? ● 什么时候?	"自动化"(无须思考就能做的事情) ● 弹钢琴 ● 骑车 ● 系扣子 ● 使用计算机

陈述性记忆是有意识的,而程序性记忆是无意识的。程序性记忆始于陈述性记忆。比如,当一个人学习使用计算机的时候,每一步都是有意识的,都是深思熟虑的。每一步都存储在陈述性记忆中:打开开关,等待屏幕亮起来,插入磁盘,双击图标。在多次的重复后,这个过程变成自动化且会被无意识地完成。这些动作流程储存在小脑中。学生需要练习多次,以把这些信息和过程传递到长时记忆中。教师可以使用多种形式开展练习,尽可能让学生更多的感官和多元智能参与,使得各类学习者如视觉型、听觉型和触觉型(动觉型)学习者加深对内容的理解。

设计教学策略

教师了解记忆的过程是有用的,这有助于为不同小组的学生布置任务,使学生能发现自己的潜能。教师在进行教学策略设计时可以思考以下问题:

● 通过学习,我想要学生学到什么?学完后能够做什么?

● 我们怎么判断学习是否成功?

● 学生已经知道什么?他们能做什么?

● 如何吸引和保持注意力?

● 什么能对学生产生情绪上的吸引力?

● 新知识和技能是如何获得的?

● 学生如何通过练习和复述来使学习内容有意义并理解它们？

● 在学习过程中和学习之后，学生如何获得持续性的反馈？

复述策略

如果教师要给学生多样化的复述内容的机会，他们应该关注基于策略的研究来提高学生的成绩。（Dean et al.，2012）经过充分的调查研究，下列 9 种策略能为学生的成功带来希望，有助于学生找到就内容和技能进行互动的有趣方法。这些技能可分为 3 组：

建立学习环境

1. 设置目标和提供反馈

2. 强化努力并给予认可

3. 合作学习

帮助学生理解

4. 问题、提示和先行组织者

5. 非语言呈现

6. 总结和记笔记

7. 布置作业和提供练习

帮助学生拓展和运用知识

8. 识别相似与不同

9. 提出假设并检验

表 6.3 对这 9 种策略进行了解释，能帮助我们了解大脑及其如何支持这些策略获得成功。

表 6.3　最佳教学实践和对大脑的相应研究成果

经过研究的最佳教学实践	对大脑的相应研究成果
1. 设置目标和提供反馈 ● 用一般的术语对目标进行陈述，让每个学习者把目标个体化，明确的教学目标能帮助学生集中注意力。来自学生、教师和同伴的持续反馈也是很重要的。	大脑会对高挑战做出反应，并且能够在反馈的基础上继续努力工作。
2. 强化努力并给予认可 ● 把努力和成功联系起来的能力。 ● 成长型心智模式。	大脑对挑战会做出不妥协反应，情绪能强化学习效果。
3. 合作学习 ● 为完成学习任务而进行异质分组是最行之有效的教学策略之一。	大脑是社会化的。合作能促进理解和个体高阶思维的发展。
4. 问题、提示和先行组织者 ● 在进行新的学习之前，问题、提示和先行组织者有助于学生打开心理档案来调取先前知识。这有助于对学生已经掌握的知识和技能进行预评估，且为即将开展的学习体验提供情境。	大脑对整体和局部的内容都会做出反应。所有学习者需要打开心理档案，融入即将开展的学习中。
5. 非语言呈现 ● 运用多种方法，如图像、模型、心理图片、画画、肢体运动等对新学习的内容进行详细描绘和复述。	大脑是一个平行处理器。视觉刺激能唤起90%的准确率。大脑中参与处理的部分越多，效果越好。
6. 总结和记笔记 ● 培养总结、删除、提炼和分析信息的能力，并能选择出对学习重要且相关的内容。	大脑关注有意义的信息，删除无关信息。
7. 布置作业和提供练习 ● 额外学习体验，能帮助学生进一步练习概念和技能。留给学生的作业不一定是相同的。	大脑关注有意义的信息，删除无关信息。

续表

经过研究的最佳教学实践	对大脑的相应研究成果
8. 识别相似与不同 ● 以属性、共同主题或类型来进行分类的能力，可在这种教学实践中得到展示、支持和鼓励。如比较与对比的方式。	大脑喜欢寻找模式、联系以及先前知识和新知识的内在联系。
9. 提出假设并检验 ● 可以通过归纳或演绎的方法来完成。学生应该能够明确表达假设并评价其准确性。	大脑有好奇心，生来就有通过规则来建构意义的需要。

小组合作学习

小组合作学习是当前教育领域中研究最多的教学策略之一。这些年我们从一些教育家那里获得了许多关于小组合作学习的有价值的见解。（Aronson，1978；Bellanca et al.，1991；Bennett et al.，1991；Cantelon，1991a，1991b；Clarke et al.，1990；Dean et al.，2012；Johnson et al.，1998；Kagan，1992）。通过小组合作学习，学生可以学到有用的社交技能，运用高阶思维，练习新概念，处理信息。只有好好规划、设计，小组合作学习才能成功。全方位的设计可以提高小组合作成功的概率，帮助师生达到既定目标。（Johnson et al.，1998）

可以运用首字母缩略词 TASK 来记忆小组合作学习的四个方面。

T（Thinking）——思维产生于过程之中。

A（Accountability）——责任是最关键的。在小组合作学习中，既要实现个体目标，也要实现小组目标。

S（Social skills）——社交技能促成团队成功。

K（Keep）——人人都专注于任务：角色、每个人承担的责任资源、新颖性、刺激和明确的期待。（Robbins et al.，2000）

思维产生于过程之中

小组合作学习特别有助于教师融合不同教学方法，从而对学生的学习产生积极影响。图形组织器、思维技能以及比喻和分类思维常被运用到小组合作学习中，用来促进复述和学生的练习效果。教师可以分配给小组不同的任务，使其适合学生的思维目标类别水平（这个话题我们在后面的章节中会详细讨论），这对不同水平的小组都是挑战。立方体是稍后我们会讨论的这一章的另一个话题，它在小组合作情境中很有作用。通过运用多元智能探索学习内容是可行的，透过多元智能这一镜头，学生可以了解一个话题的方方面面。

责任是最关键的

组成合作小组的学生通常最后会制作一个小组作品或者完成某一水平的任务。每个学生对小组都有责任，也需要在学习的过程中发展自己的知识与技能。教师常常用检测单或日记收集有关个体学到了什么、对小组有什么贡献的数据。如果教师需要了解学生知道了什么，在分组讨论中学到了什么，那么自测、小考、演示、展览和会议都能帮助教师清楚每一个学生的理解水平与能力。小组合作学习是有效的学习策略，但是我们不能认为只要待在小组里，小组内每一个人都能熟悉和掌握内容、提升能力。

评估是多维度的，可以包括以下要素：

● 个人成绩：作品中的某一部分或小组汇报中的某一部分；
● 最终作品或汇报的小组成绩；
● 和内容有关的测验或小考；
● 小组参与度的得分情况。

把合作学习活动看成一种学习经历，这是另一种把个体需要和知识的学习、讨论、加工及探究联系起来的方式。然后对个体进行评估，了解每一个学习者都学到了什么。以这样的方式，个人作品、个人成绩就不再依赖于小组其他成员。相反，给小组整体打分会导致一些问题，并产生一些"游手好闲的人"。

社交技能促成团队成功

除了努力创立一种积极的、信任的课堂氛围，教师还需要给学生教授社交技能。小组合作学习不仅能帮助学生学习知识、提升能力，而且能帮助他们培育五个领域的情感智力。（Goleman，1995，2006）

- 自我意识：通过反思获得；
- 自我激励：培养恒心、毅力和积极的职业道德标准；
- 情绪管理：学习解决冲突和达成共识的策略；
- 移情：倾听，表达情绪，以支持的方式处世；
- 社交技能：认识实践的机会，反思社会交往技能。

不同的学生在这些领域有不同的需要，教师将通过对小组行为进行监测来了解学生的优势和劣势，观察那些不同的需要分别处于哪个领域。

学生需要的基本社交技能包括以下方面：

- 运用得体的语言；
- 有礼貌地、小声地说话；
- 鼓励他人；
- 倾听他人；
- 寻求帮助。

要想在小组中表现良好，学生需要掌握如下一些社交技能：

- 以可接受的方式表达不同意见；
- 接受不同的观点；
- 遵守程序；
- 检查准确性和理解程度；
- 处理冲突。

学生需要通过有意识的技能识别、模仿、练习和反馈，了解一项社交技能"看上去如何，听起来怎样，以及感觉起来如何"。（Hill et al., 1993）

教师可以在教室里贴出描绘可接受行为的参考图。学生要用自己的语言和已掌握的术语对参考图给出解释。这增加了行为的清晰度和学生对行为的所有权，以及行为强化的可能性。表 6.4 是一个表格样例，描绘了如何倾听他人。这是一个由教师和学生一起制定的表格，讨论的是在小组合作中进行讨论时倾听他人的重要性。

表 6.4　社交技能：倾听他人

看上去	听起来	感觉
看着那个人	告诉我更多……	我说的话一直被倾听
点头和微笑	嗯……	我的想法是有价值的

学生需要和小组成员一起练习这些技能，反思其应用。

个体由于经历不同，学习方式和效果也不同，因此需要有机会思考自己的学习和参与情况。没有指导，学生有时没有能力进行反思，所以应该为他们提供一些图形组织器。表 6.5 是一次小组合作之后供学生反思的范例，这是集体努力的成果。

表 6.5　小组活动反思

日期：_____

名字：_____

在今天的数学课上，我们都参加了合作性的学习活动。

以下是我们小组活动的总结。

我在小组中的角色是_____

_____

与这一角色相对应的行为是_____

_____

为了帮助小组达成任务，我做了_____

_____

我本来可以_____

_____

我需要继续做的一件事是_____

_____

人人都专注于任务

教师常为合作小组的学生分配不同的角色，以增加他们通力协作的机会（Johnson et al.，1998；Johnson et al.，2009）。如激励者、阐述者、总结者、提问者等角色，可以确保小组良好协作。还有其他能促进小组完成任务的角色，如记录者、朗读者、研究者、画图者、资料管理者、汇报者。教师通过给每个成员赋予角色，鼓励所有学生承担起该负的责任。

有些教师可能想要创建一种更像真实世界的情境，把一些角色分配给合作小组的学生。如以下角色：

● 生产经理。生产经理对项目负责。你需要监督和确保其他经理恰如其分地开展工作。你可以管理过程，跟踪进展。在需要为小组指明方向时，生产经理是组内唯一能和CEO（教师）进行沟通的人。

- 信息经理。你的工作是确保产品的准确与质量。你的倾听技能是宝贵的品质和优点，能帮助你确定客户的要求。你要确保小组成员理解客户和CEO的期望。你必须坚持任何（来自CEO的）书面形式的指令。

- 资源经理。你的工作是收集和管理那些完成任务所需的资料。在一节课或一个阶段的活动结束后确保小组的文件和材料妥善保存。至于其他东西，如道具或者必需的资料，则要确保在需要的时候能随手可得。

- 人事经理。你的工作就是管理团队成员，通过作品提高士气。鼓励每一个团队成员应对冲突，在必要时促进其解决问题。监督员工的努力程度和工作效率。可就任何关心的问题和生产经理进行沟通。

- 技术经理。你的工作是在产品技术方面帮助团队成员。你能在计算机技术方面为小组成员提供帮助，如网络搜索、电子制表和数据库创建、文字处理、内容演示和故障排除。

- 时间经理。你的工作就是了解任务完成的最终期限并提醒成员截止时间。你要记录每一个步骤和工作进展，与生产经理就时间表和关心的问题进行沟通，与没有达到时间要求的特定成员进行沟通。如果需要更多的工作时间，向生产经理申请，协商出更多的时间。

表6.6的责任标签可以发给小组成员，以帮助他们关注自己的职责，确保团队成功。教师可以放大、复印或者制作个人责任标签，以供学生使用。

表 6.6　使学生专注于任务的责任标签

生产经理的职责	信息经理的职责	资源经理的职责
● 监督项目 ● 确保人人做好自己的工作 ● 管理过程 ● 项目跟踪 ● 当需要为小组指明方向时与教师进行沟通	● 确保材料的准确性 ● 确保产品质量 ● 倾听并确保大家的想法都表达清楚了 ● 遵照书面说明和指令	● 收集并管理资料 ● 妥善储存资料 ● 妥善安排，确保资料方便获得
人事经理的职责	技术经理的职责	时间经理的职责
● 管理人员，提高士气 ● 鼓励团队成员 ● 帮助解决冲突 ● 帮助解决问题 ● 监督员工的努力程度和工作效率	● 在技术上提供帮助 ● 帮助解决计算机方面的问题 ● 收集网络资源 ● 帮助演示技术	● 掌握工作的最后期限 ● 帮助团队按时完成项目 ● 和生产经理沟通 ● 协商所需的时间

在组内促成成员之间的互相依存并建立同盟关系

教师也可以通过以下方法，在组内促成成员之间的互相依存。

● 创造一个有序的过程。每一个小组成员都有角色和执行任务的特定步骤。
● 提供有限的资源（工具，文本，材料），并且这些资源必须得以共享才能令小组完成任务。
● 提供新奇的参与场景或刺激物，比如，给学生设定调查者、研究者或土地开发商等角色。这就为学生创建了在真实世界中存在的一些角色，而这常常能为学习活动增添真实性。

很多时候，合作小组由两人、三人或者四人组成。事实上，两人合作是在班级建立同盟的不错方法，因为这样学生将有机会和许多同学合作，深入了解合作的同学。对两人小组来说，成员要离开、游离于合作之外也很困难。（Johnson et al.，1998）同伴合作给学生提供了在一个可控制的环境中练习社交技巧的机会，学生一次只能和一个不同于自己性格的人交往。当学生开始一对一地了解彼此时，学习共同体也就建立起来了。

当把小组合作学习当作学生学习的一种方式时，教师需要思考以下问题，明确学习的意图与过程：

- 学生需要完成什么？我怎么了解？（书面任务卡和图解说明必须清楚明了，以使所有学生都能看到并知晓教师有哪些学习期待）
- 基于学习任务，小组规模多大？
- 我如何对学生进行分组？为什么这么分？（随机分，按能力分，按背景知识分，异质但结构化；如前文中的表 5.10 木棒法，以及图 5.7 马车车轮编组）
- 学生将练习和反思哪些社交技能？（这些社交技能要与任务有关联）
- 学生如何学习社交技能？
- 学生如何监控自身社交技能的应用？
- 任务的完成期限和指导原则是什么？
- 运用什么方式评估学习任务？（展示、作品、报告、表演、展览、考试、小测验等）
- 给小组成员安排什么角色或者任务，以确保他们互相依赖并积极参与？
- 这些小组运转正常吗？
- 这些小组成员之间相处得好吗？

专家拼图

提高小组成员相互依赖的另一种方法是运用专家拼图法。（Aronson，1978；Slavin，1994；参考图 6.2）专家拼图法是一种有效的策略，但是这种策略只适用于那些具备了足够的社交技能，且既能够与小组内多个成员合作学习又能独立学习的学生。这一策略能使学生在短时间内接触和学习更多的材料。它能促进学生学习，提高其记忆力。学生以三人或者四人为基础组开始，每个人要认领一个字母或数字，这能帮助他们组建专家组。在专家组里，学生相互获取新的信息，学习新材料和技能，然后再把这些教授给他们所在的基础组。

使用专家拼图的方法时，在每个成员提交报告、接受有关学习材料的小测验或者随机代表小组汇报的过程中都体现了个体成员的责任。

专家拼图法能够促进每个学生为自己的学习承担责任。它有助于学生集中精力于学习任务上，并为学习提供结构与过程支持。专家拼图中人际交流与自我沟通的部分，鼓励学生对信息加工，和班级同学互动，用更广阔的视野获得目标性知识和技能。通过对话，专家拼图法能提供多种机会让学生进行精细复述，运用高阶思维。

因为学生的准备状态不同，所以要提供给不同的学生不同的材料和内容，因此不同学生最终得到的知识拼图可以有差异。小组作品、项目、其他真实任务和评价都是建立在每个学生的偏好和多元智能基础上的，这提供了差异化的另一种途径。

下面的示例（见图6.2）展示了如何把TASK（见"小组合作学习"）的各个方面融入拼图活动中。

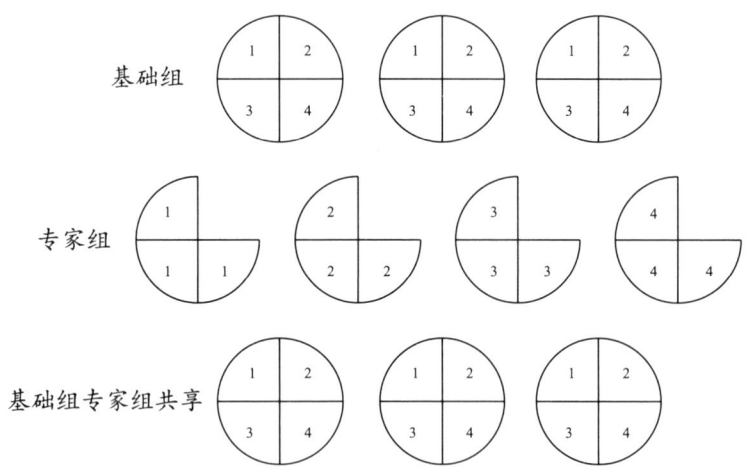

图6.2　专家拼图策略：用于提高高水平学习者的相互依赖

当四人合作小组读故事或者小说时，可以使用人物速写（见图6.3）来组织学生活动。A组和B组关注相同的一个人物（可能是主要的人物），C组和D组关注另一个不同的人物，等等。基础组（1，2，3，4号）把图沿折线剪下，分为四个部分。A组和B组同一号码的人组成新的一组（如1与1、2与2、3与3、4与4），讨论人物的一个方面。比如，两个学生可能有一个四分之一象限，上面写着"看上去如何"。他们必须要找到故事中人物看上去如何的依据，然后在象限里写下结论。他们一起讨论，运用的社交技能就是确认信息和倾听他人想法。每个新的小组的组员都要相互交流，在图形的每一个部分写下：看上去如何、显得如何、做的事情、听起来如何。然后基础组成员回归本组，回顾所有的依据和结论。根据得到的信息，小组写下完整的人物速写，收集故事或小说各个方面的内容。

教师可以在大纸上画一个更大的图形组织器，为信息收集扩大空间，并让所有的参与者都能看到信息。每个小组成员都可利用图形组织器从专家组成员那里收集信息。

通过这样共享资源和任务，学生之间会在活动中建立互相依赖的关系。学生在合作时能练习社交技能。他们获取信息，用证据支持自己的想法，这在任何课堂都是有价值的，是值得推荐的做法。

图 6.3 中显示的图形组织器只是个例子，教师可以对其进行修改，运用专家拼图法在其他的学科领域尝试分配任务。例如，学生可以从基础组开始，考察一个国家的四个方面，如食物、民族、地理和起源（或者生物方面，他们可以关注身体系统，如呼吸系统、消化系统、神经系统和循环系统），经过专家组讨论之后再把信息带回基础组。

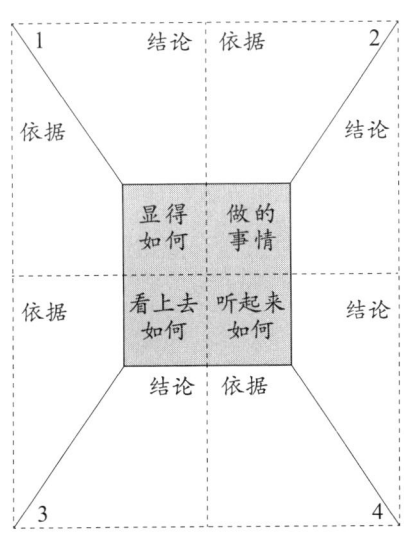

图 6.3　人物速写：4 个学生在读故事或者小说时运用图形组织器

专家拼图法变式

拼图台：每个小组负责不同的学习主题或方面，然后把他们的发现呈现给班里的其他学生。

简单拼图：小组（3—4人）中的每个人负责学习任务和团队资源中的一部分。

完整拼图：如上所述，从基础组开始，然后进入专家组，最后再回到基础组进行分享。

有关小组合作学习的问题

最好的分组方法是什么？

如果小组内的学生在交流方面相处融洽，通常就能把工作做得很好。教师可以偶尔让学生自行选择伙伴或者组成小组，但不能总是由学生来决定与谁组成小组进行合作，学生也需要通过与不同个性和视角的人合作来提高自己的社交技能。教师可以把随机分组、自由选择分组和教师分组作为分组选择方案。

面对那些不愿意参加小组合作的学生，你该怎么做？

对一个不喜欢小组学习的自主学习者来说，和一个伙伴合作比在一个大组学习要表现得更好。记住，这个学生在和他人合作时，也学习了一些重要的社交技能。但他确实也需要一些独立学习的时间，加工整理自己的认知。

小组的最佳规模是多大？

小组学习以两人、三人或四人效果最佳。当需要达成共识时，可用三人组打破僵局。记住，小组的规模取决于要完成的任务情况。如果任务复杂，就需要更多的人。然而，要培养学生的小组合作技能，小组越小越好，这样他们在小组中很难产生被遗弃的感觉，交流冲突少，要做的事情就更多。对每个成员来说，"对话时间"越多，学生就越能专注于任务。

非语言呈现：图形组织器

什么是图形组织器

图形组织器是一种有用的思维工具，帮助学生加工信息，了解他们的思维过程。它们是吸引学习者管理、加工信息的视觉-空间型、逻辑-数学型工具。图形组织器通过视觉呈现事实和概念，能显示新知识和先前知识之间的关系。图形组织器能显示学习过程和步骤，在课上任何时候都可以使用。教师也可以利用一些在线网站设计和制作图形组织器。

我们为什么要使用图形组织器

学优生和学困生的区别不在于学优生掌握的知识数量多，而在于学优生组织和使用信息的能力强。（Smith，1986）加工和处理无序的随想是要花时间的。有时，图形组织器有助于完成一些艰巨的任务。学习了图形组织器后，学生就能够以自己的方式记录信息。

图形组织器可以用在很多方面：

● 在一节课或者一个单元开始前集体讨论学生已经知道的知识；

● 有阅读任务或者看录像时，学生能根据图形组织器加工获取信息；（教师可以提供一个图形组织器，或者学生运用教师给的标准自己设计一个，包括：谁？什么？哪里？为什么？）

● 帮助记录事件的先后顺序或者过程；

● 把新知识和先前知识联系起来；

● 检查理解程度；

● 用于记笔记和总结；

● 用于终结性评估。

如何使用图形组织器

像其他工具一样，教师需要教会学生如何使用图形组织器，为学生提供广泛的机会，就内容和情境进行练习。当内容不是很复杂时，教师示范图形组织器是如何运用的。通过这样的方式，学生学习使用图形组织器的过程，然后运用到实践中。经过一段时间，学生开始熟悉使用不同图形组织器的过程，他们要学会选择适合情境的图形组织器。学生也可以设计和创造他们自己的图形组织器以满足需要。运用可视化的呈现方式能吸引内省型的学习者，他们喜欢独立加工信息和反思新知识。图形组织器可以由学生单独使用，也可以和伙伴或者小组一起使用。

用于比较和对比的有效图形组织器

比较、对比、分类和运用比喻都是能够提高学生学业成绩的教学策略。（Dean et al.，2012；Marzno et al.，2001）学生花时间找出两个主题之间的异同，并画在图形组织器上，能够深化学生的理解和提高运用知识的能力。

维恩图

常用的维恩图（见图 6.4）能够识别出两个主题之间的异同。教学生使用维恩图的快速方法是让学生就个人性格、喜恶、兴趣或运动、宠物等和同学进行对比。他们个人能通过头脑风暴想出这些性格特点，然后和伙伴一起把这些特点写在维恩图上，把相同点写在重叠部分的中心，把不同点写在两边。

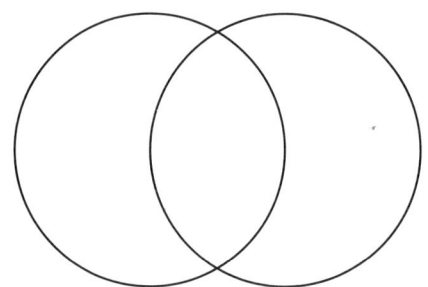

图 6.4　维恩图：用于识别两个主题之间的异同

比较和对比矩阵

比较和对比矩阵（见图 6.5）是以确定的标准对几个事项进行比较的又一方法。比如，对比美国各州时，把州置于左列：如纽约州、亚利桑那州、加利福尼亚州和路易斯安那州。顶部要考虑的是比较标准：如气候、人口、地理和面积。矩阵中的信息确定后，就可以转换成维恩图，用来识别两个州之间的异同了。

对比两件事情

还可以运用其他的比较与对比方法。在图 6.6 中，任何两件事情，两个想法、概念或者程序都可以被仔细对比。在图顶部，把要分析的两件事情放在最上面的两个框里。在下面的两个大框列出所有的属性。相同点放在标题为"相似之处"框的下面。最后，不同之处放在相应的大框里。使用数字标识使两个框里的相应项进行对比。学生可以对比艺术形式、各个大陆、科学步骤（程序）、政治家、历史事件或者任何学科领域的任何两项内容。

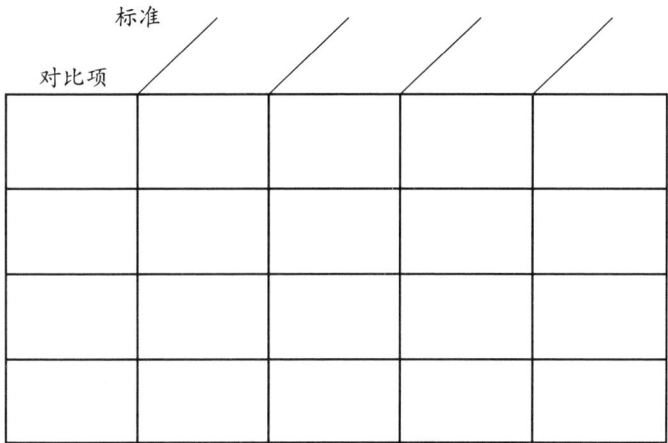

图 6.5   比较和对比矩阵

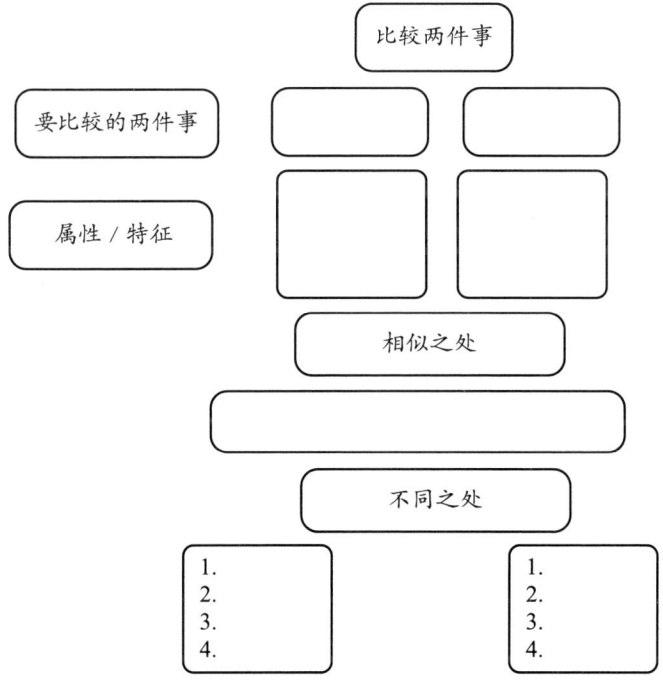

图 6.6   比较两件事的流程图

词汇网络

词汇网络是用来组织与分类的图形组织器。它能使学生将注意力集中于概念、主题或者话题之上，识别和大概念有关的二级分类；然后，为二级分类增加一些重要的维度。比如，在图 6.7 中，大概念是第二次世界大战，二级分类则是轴心国、同盟国、原因、区别、战区、闪电战和关键事件。

词汇网络可以用来评价学生信息组织得如何，也能看出学生掌握主要概念的情况以及这些概念之间的联系。这也是写作前的构思阶段用来组织思路的有用工具。

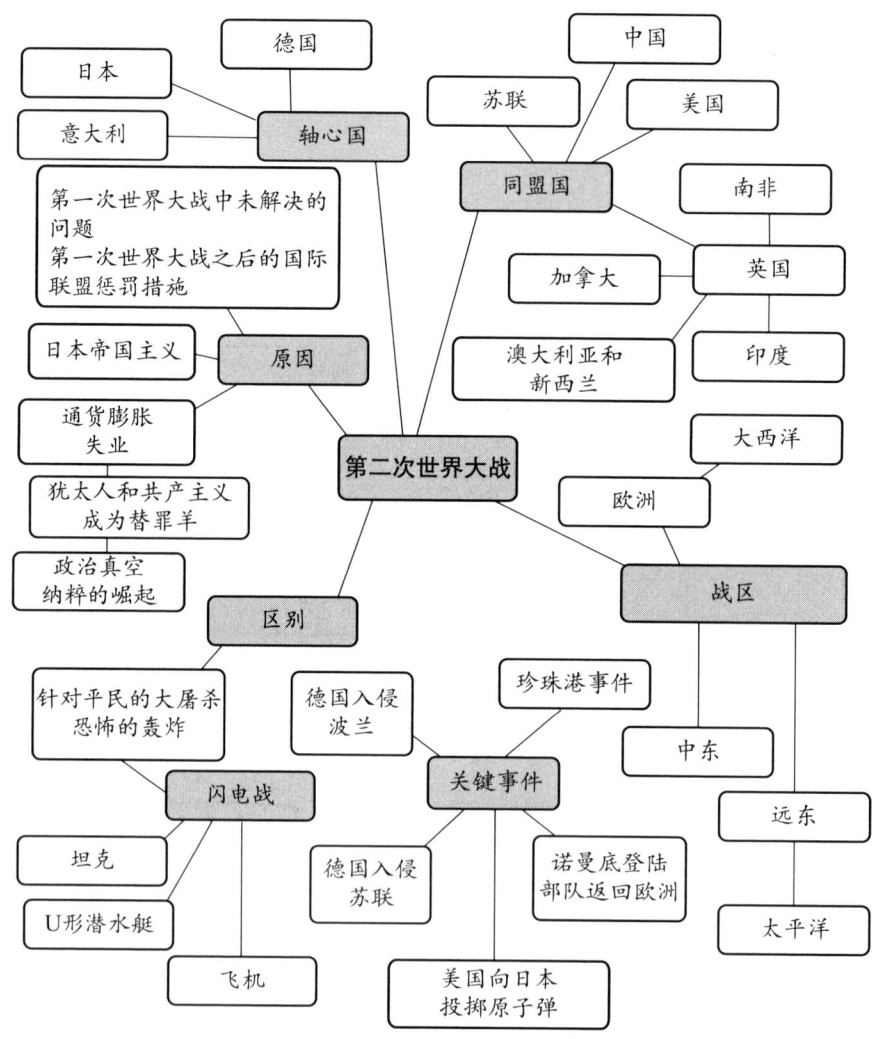

图 6.7　词汇网络：用来组织和分类与第二次世界大战相关的一级概念和二级概念

比喻和分类思维

运用比喻和分类的方法也可以表达概念之间的相似和差异，还能把新知识和熟悉的物体或概念联系起来。在第 3 章，我们运用沙滩排球、显微镜、写字板和小狗帮助大家分清和理解四种学习风格的特点。通过联想，学生能轻松地回忆起每一个形象的属性，以及它们和四种学习风格相关的特点，从而可以更好地理解每一种学习风格。

学生也可以把新知识和他们熟悉的事物进行联系。如果我们让学生解释文艺复兴如何看起来像电子游戏、政府如何看起来像管弦乐队，他们也许就能理解文艺复兴和政府了。我们可以运用两个看似不相关的概念或主题，使学生通过对比，找出两者的异同。

通过比喻联系可以拓展学生的思维，增加他们理解概念或主题的可能性，帮助他们以后更好地记忆。

用高质量的思考、分类及深度理解来创建词汇网络，其实反映了学生对概念的精细思维与加工整理，正如图 6.8 所示。

1. 事实框架：在中心的盒子里写下事实，在外面的盒子写下支持细节。

2. 滚动轮：在外轮（即"轮胎"部位）里写下主题，在轮辐上写下 4 个关键点。

3. 由内到外：在中心位置写下重要事件、物体、人物和地点，在外面的椭圆里写下相应的属性。

4. 因果角：在每个大三角形里写下原因，在原因的两边写下结果。

5. 星形连接：将主题置于中间，在星星的每一个角里加上重要事实。

6. 细节鼓：在鼓的顶部写下一句预测的话，在鼓的侧面写下结果和学到的事实。

7. 事实和观点：在中间写下事实，在每个箭头里列出观点。

8. 3 加 3：在每一个大的三角形里写下重要的主题名词，在边线旁写明名词表达的意思、相关的一句话或者画一幅相关的图。

9. 总结：在顶部的框内写下事实，在下面的两个方框里写下支持性的细节，在底部的框里写下总结或者结论。

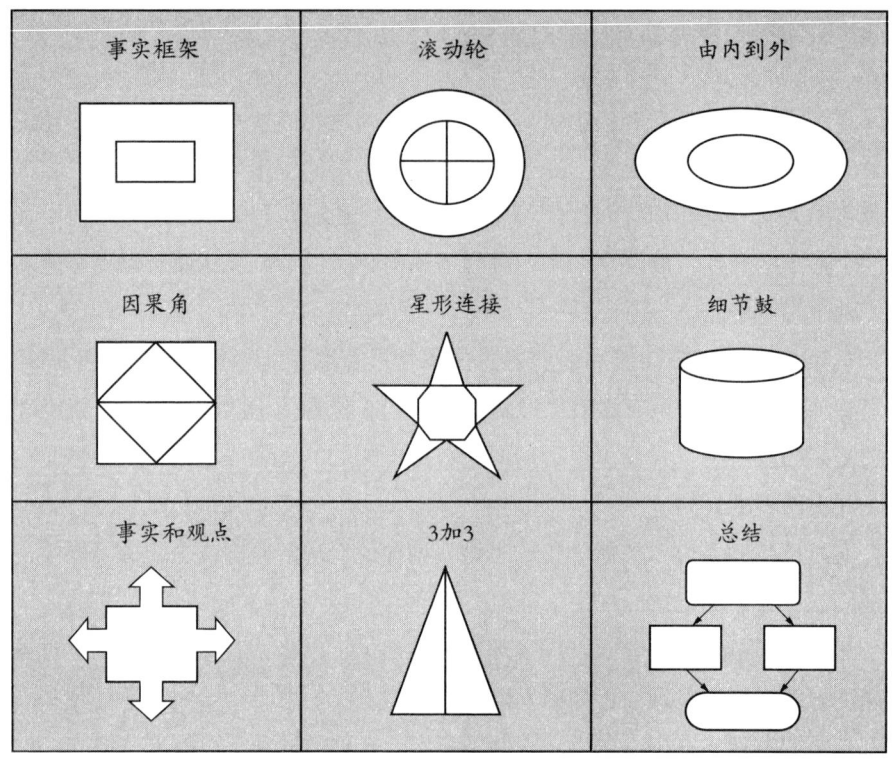

图 6.8　图形组织器框架

角色扮演

什么是角色扮演

角色扮演就是让学生承担某个角色，角色可能是来自故事、戏剧或者小说中的人物，也可能是历史人物或政治人物，或者是某一场景中解决事件冲突的人。

我们为什么要进行角色扮演

角色扮演能够让学生在一种富有情感的情境中加工知识并展示技能。它是精细复述的一种形式，能促使学生和内容、概念互动，理想情况下，能创造出情节记忆。它为学生提供审视与组织知识以及处理问题的机会，创造或再现出有意义的情境。学生承担的角色能促使学生沉浸在情境中。他们进入到角色中，成了角色本身。当他们扮演角色时，他们的情绪也会参与其中，大脑的情绪部分便会对此情此景加深印象。角色扮演让学生参与到适合他们水平的活动中。很多学生有很强的语言和人际交往技能，角色扮演能充分运用这些技能。此外，角色扮演也给了那些身体–运动技能强的学生运动和表达的机会。

我们如何利用角色扮演

当学生感觉舒服时，我们应当为所有学生提供可以参与的机会。教师可以鼓励学生选择他们想要成为的那类角色。可以尝试使用类似表6.7的"选择板"。教师会发现，要和学生相处、促进他们学习，就必须保证学生能处在一定的舒适区内。那些更加注重内省反思的学生并不经常接受这一技巧，因为他们并不像其他学生那么合群。起初，教师可能只是让学生参与一些简单的即兴创作。当教师为学生介绍了"角色扮演"之后，学生可能会初步运用模仿或者尝试编个剧本。学生尝试了几次角色扮演后，可以开始为自己写剧本，而在需要或有条件时还可以准备道具和场景。

所有学生都需要确定合适的与观众互动的方式和行为，并监控角色扮演情境中的行为。给参与者的反馈必须是积极的、有建设性的。在每次尝试角色扮演之后，都应该让学生进行反思并对情绪反应进行加工整理。可以说，角色扮演使得学生能够把知识和关键概念放在情境中进行学习，这会增进他们的理解并使记忆更为持久。

表 6.7　角色扮演选择板

总体设计	场景	道具
旁白者	幻灯片	手工艺品
采访	舞台	电视画面（帧数）
模仿	壁画	服饰

独立学习任务

在任何课堂上，独立学习每天都会发生。在差异化课堂上，独立学习的时间可能是填补个人学习差距的时间，或者是向那些已经掌握一定知识的学生提出更高挑战的时间。学生并不是总要完成相同的任务，表 6.8 列出了一些独立学习任务。

表 6.8　一些独立学习任务

下面是在进行文章阅读或者教师讲授之后一些用于跟进的活动案例。运用这些方法可以设计不同的任务，比如日程安排、家庭作业、学习中心（站）和项目学习，用于展示学生所学的知识。这些任务能强化学生有关标准、概念和单元的知识。	
● 记录发现	● 和同伴讨论
● 用手机编写短信	● 设计问题
● 写一首歌	● 创造一首说唱曲
● 写一首五行诗	● 写一首打油诗
● 写一首诗	● 编写一则广告
● 开发一个拼图游戏	● 角色扮演
● 找背景音乐	● 情境再现
● 创作人物漫画	● 画画
● 创作社论漫画	● 制作立体布景
● 画含人物对话的连环画	● 用颜色编码
● 为……画插图	● 写出属性
● 用形容词或者短语进行描述	● 创建时间轴
● 设计一幅壁画	● 设计一个新游戏
● 表演电影《谁想成为百万富翁》	● 表演电影《世界末日》
● 设计制作一个木偶	● 画出……的背景
● 找出……里缺少的部分	● 绘制地图
● 写一篇社论表达自己观点	● 运用教具
● 制作柱状图解释数据	● 设计一个小册子
● 创建饼状图解释结果	● 搜索信息

续表

● 找出……中的关键部分	● 准备针对……的观点、想法
● 把词汇表中的单词表演出来	● 指出原因
● 开发一个词汇游戏	● 列出理由
● 列出同义词和反义词	● 写出主要思想
● 写总结	● 写出说明
● 写评论	● 下结论
● 写出你的观点	● 写出事实
● 发现……的工作原理	● 给样例命名
● 设计……的序列	● 就事情开展辩论
● 发现一种解决……的新办法	● 识别声音
● 做采访	

差异化设计思考和提问的水平

师生一问一答的过程会对学生产生过度的压力，而过度焦虑的学生是不能获取来自大脑皮层的信息的。当问题超出学生的理解水平时，他们会害怕被嘲笑，并且不能提取记忆信息。候答时间（Rowe，1988）就为学生提取储存在其长时记忆中的信息提供了机会。我们知道这至少要花 3 秒。回答问题的数量和质量常常会随着候答时间的增加而增加，学生需要调取信息、组织答案。一般而言，留出的思考时间越长，回答的效果越好。

思考、结对、分享（Lyman et al.，1988）是延长等待时间的重要技巧。让学生们先自己思考，然后和同学结对分享自己的想法，这种分享给了他们思考、加工信息和更好地回答问题的时间，也降低了学生压力过大的概率，增加了学生实际参与思考问题的机会。这是在鼓励所有学生而不仅是要求回答问题的人分享见解。研究表明，当给学生更多的时间思考时，学生保持记忆的效果和成绩会更好，学生成绩会提高 60%。（Black et al., 2004）当教师进一步了解了学生，了解了学生的准备水平，就可以根据问题难易程度进行差异化设计。这样就能向学生的现有水平或者稍稍超出其理解和经验的水平发起挑战。

布卢姆的思维分类学修订版

多年来，教师们一直用布卢姆的思维技能分类法（教育目标分类法）帮助学生形成高阶思维技能。修订后的教育目标分类学增加了批判性思维和创造性思维的培养机会，包括以下思维技能：

1. 记忆或回忆：使用长时记忆

2. 理解：通过语言、图片和符号理解

3. 应用：使用方法

4. 分析：从部分到整体

5. 评价：根据标准做出判断

6. 创造：超越、重组和创新（Anderson et al., 2001）

教师可以用布卢姆的分类法（见表 6.9）分层设计课程。在教学设计模板（参考第 1 章表 1.3）中，内容和技能水平包括获得知识和技能、在其他环境中应用和调整、对应用过程进行评价。

表 6.9　思维技能中的过程动词

思维技能	过程动词
记忆或回忆	列举、记忆、下定义、识别、陈述、标注
理解	总结、描绘、讨论、定位、计算、解释
应用	画图、论证、编写剧本、解答、运用、操作
分析	比较、分析、对比、分类、质疑、实验
评价	选择、判断、评价、支持、提倡、辩护
创造	发明、创造、构建、设计、开发、综合

基于学生的准备状态和理解水平，教师可以提出差异化的问题并设计有层次的课程。表 6.10 和表 6.11 给出了思维水平、下定义、指示动词和起始问题的模

板，这能帮助教师把课程和学习任务与不同水平的学习目标联系起来。

我们可以设计一些机会，让学生和新知识、新技能进行互动，提高学生的理解能力，培养其在长时记忆中保留和提取信息的能力。这就是学习的过程。运用布卢姆教育目标分类学中的动词，通过多重练习和复述，能对知识和技能进行深度探究，深化理解和学习。比如，针对某个具体的概念或技能可借鉴表 6.11 中的活动设计，进而帮助我们的学生经历"习得、应用、调整、评估"来指导我们的工作。

表 6.10　把教学设计和布卢姆分类学中的六种水平相匹配

教学设计步骤	思维水平	下定义	指示动词
习得	记忆（回忆） 了解 学习知识	回顾事实并回忆起以前学过的知识	描绘、列举、识别、定位、标注
应用	理解 理解信息	理解事件的意义、发生的方式和原因	解释、举例、释义、总结
调整	应用 运用知识	在其他场景中运用技能或知识，检测知识和理解程度	推理、预测、演绎、改编、修改、解决问题
调整	分析 检查各个部分	为了理解整体，把知识分解成特定部分。理解结构能帮助进行对比	辨别、分类、归类、细分、准确描绘
调整	评价 评判信息	运用一系列标准把知识的价值进行排列	判断、比较、批评、对比、证明、总结
评估	创造 个别化使用	把各个部分组合在一起，创建新的不同的想法或模式	归纳、创造、组合、概括、结合、改编、设计、规划

表6.11　根据布卢姆的目类分类学，对起始问题和课堂活动进行差异化设计

起始问题	可设计的活动
水平1：记忆（回忆）	
1.……的定义是什么？	1. 描绘……
2.……之后发生了什么？	2. 制定出一系列事件的时间表。
3. 回顾事实。	3. 制定一个事实图表。
4.……已有的特征是什么？	4. 根据……事实，列出……步骤。
5. 哪一个是真实的，哪一个是虚假的？	5. 列举出故事中所有的人物。
6. 有多少……？	6. 做一个图表说明……
7. 谁是……？	7. （用已学单词）做一首藏头诗。
8. 用你自己的语言介绍……	8. 背诵一首诗。
水平2：理解	
1. 为什么这些观点是相似的？	1. 用剪贴画或者画一幅图来展示一个事件。
2. 用你自己的话复述这个故事。	2. 把你的主要观点画出来。
3. 你认为会发生什么？	3. 画连环漫画显示……的顺序。
4. 这些观点如何不同？	4. 写出并表演一个以……为依据的话剧。
5. 解释一下之后发生的事情。	5. 比较……和……
6. 有哪些例子？	6. 创建一个……模型。
7. 你能给出……的定义吗？	7. 写一篇新闻报道。
8. 谁是关键角色？	8. 准备一个流程图来展示……的顺序。
水平3：应用（缺乏理解的运用是无效的）	
1.……的另一个实例是什么？	1. 创建一个模型，展示如何使用。
2. 演示……的方法。	2. 通过展示来说明一个事件。
3. 哪一个最像……？	3. 就……收集相关信息。
4. 你想问的问题是什么？	4. 就某件事设计一个包括相关信息的地形图。
5. 你想改变哪个因素？	5. 浏览相册，把相关研究的某个方面画出来。
6. 这件事会发生在……吗？给出你的理由。	6. 创作一幅壁画来描绘……
7. 你会如何组织这些观点？	

续表

起始问题	可设计的活动
水平4：分析	
1.……的组成部分是什么？	1.设计有关……的问卷。
2.在……过程中哪些步骤是重要的？	2.做调查，制作……
3.如果……，那么……	3.做一个流程图，展示……
4.你还能得出哪些没提到的结论？	4.绘制一个图表，展示……
5.事实和假设的区别是……	5.上演一出有关……的戏。
6.解决方案是……	6.以确定的标准复习……
7.……和……的联系是什么？	7.准备一个相关研究领域的报告。
水平5：评价	
1.在你看来……	1.准备一些标准去评判……，列表中标注出评判标准的优先等级。
2.评价……的可能性。	
3.给……打分或者评定等级。	2.进行有关这个议题的辩论。
4.你认为结局会是什么？	3.准备一份文献注释列表。
5.你喜欢什么样的解决方案？为什么？	4.组建一个有关……话题的讨论小组。
6.哪个部分最好？最差的部分是什么？	5.准备一个能表达你……观点的案例。
7.对这些观点的相对价值进行评价。	6.列举一些有关……的常见的假设，解释你会对这些不同假设做出的反应。
8.哪个是更好的协定？	
水平6：创造	
1.你能设计……吗？	1.创造一种能表达你的新想法的模型。
2.为什么不创作一首有关……的歌？	2.设计一个原创方案或实验用于……
3.为什么不以自己的方式……？	3.完成未完成的……
4.你能为……创造出新的不寻常的用途吗？	4.做出有关……的假设。
5.你会为……提出一个建议吗？	5.如果改变……就可以……
6.你会如何处理……？	6.提出一个方法去……
7.草拟一个方案，可以用来……	7.提出一种解决……的新方案。
	8.给这本书起一个新的标题。

立方体

什么是立方体

立方体是能帮助学生在不同的分类水平进行思考的又一个技巧，它能让我们从六个方面对学科进行思考。（Cowan et al.，1980；Tomlinsom，2001）当我们似乎被困在一个特定的思维模式中时，立方体这一方法效果很好。

立方体的一面可能写着：记忆（回忆）。

第二面写着：理解。

第三面写着：应用。

第四面写着：分析。

第五面写着：评价。

第六面写着：创造。

立方体随任务和要求的不同而变化，以适合小组学生的准备水平。立方体也可以借助某一特定多元智能领域的任务构建，如语言智能、身体-运动智能或人际交往智能。

我们为什么要使用立方体

拥有多个面的立方体，能使学生从不同角度看待问题或者学习主题，从而可以形成多维视角而不是单一的视角。

立方体依据学生的准备水平（对内容和技能的熟悉程度）、学生的兴趣及多元智能对学习展开差异化设计。根据学生和小组的能力、兴趣，立方体的设计可能在颜色和任务上有差异。它们通过给课堂提供独特性为学习加入新奇和有趣的要素。立方体可以增强学生的理解，拓宽学习范围，展示学习效果，尤其适合触觉型（动觉型）学习者。

我们如何运用立方体

1. 当思考为不同的学习者运用立方体这一技巧时，头脑中要有清晰的学习目标。

2. 提供适合不同准备水平、兴趣和学习风格学生的拓展机会、材料和学习场景。

3.确保学生理解任务的指令和其中动词的具体含义。

4.根据学生的准备水平，把学生进行分组并赋予他们不同颜色的立方体，使任务和问题适合学生在某一特定主题或技能的理解水平和能力水平。学生在学习时要互相帮助。

5.让学生在全体同学面前分享发现，或者用拼图法形成专家组来分享他们的学习收获。

表 6.12 列出了在立方体的六个面可能用到的动词、任务和指令。

表 6.12　在立方体的每个面使用不同的动词、任务和指令

1. 告诉 描绘 回顾 命名 定位 列举	4. 复习 讨论 准备 图解 画漫画
2. 比较 对比 举例 解释 下定义 书写	5. 建议 启发 完成 建立规定 修正
3. 连接 制作 设计 生产 开发	6. 辩论 规划 选择 支持 在你看来……

根据多元智能的不同，立方体也可能会有所差异。根据多元智能活动的不同来设计立方体，可以让学生有机会利用自己的智能优势。教师可以使用有数字1—6的骰子代替立方体，为学生提供与主题相关的、多种复杂性的活动卡片

（参考表6.13）。

比如，如果学生正在学习行星，他们在不同的多元智能中有许多不同的立方体，用来加工整理那些对应音乐-节奏智能、身体-运动智能、视觉-空间智能、自然观察智能、逻辑-数学智能、人际交往智能及自我认知智能的知识。再比如，在阅读《夏洛的网》的课堂上，则可以使用立方体去加工整理对应视觉-空间智能的知识。具体可以在立方体的每一个面上给出以下这些问题。

绿色立方体

1. 画出你心中夏洛的样子。

2. 使用维恩图对比夏洛和弗恩。

3. 使用连环画来讲述某一章发生的故事。

4. 闭上眼睛描绘谷仓，然后记下你的想法。

5. 在你看来，为什么夏洛是一个好朋友？

6. 运用符号来预测一下下一章会发生什么。

黄色立方体

1. 用计算机上的图形程序为威尔伯创立一个角色关系网。

2. 运用维恩图对比威尔伯和夏洛。

3. 运用情节串联板来表明此刻故事情节的进展。

4. 画出农场，标注出其中的物品、人物和建筑物。

5. 当你想起这本书的书名时，你是否认同这是一个好的题目？为什么？

6. 你认为作者想让人们记住的信息是什么？画出能表达你想法的符号。

两个立方体都要利用视觉-空间智能。绿色立方体中的任务处于更基础的水平，用来描绘故事的主要方面；而黄色立方体中的任务能在抽象方面拓展学生的思维，开阔学生的视野并帮助其建立更多的联系。

表 6.13　立方体中的颜色和任务不同，取决于学生的先前知识与兴趣

绿色立方体	蓝色立方体
1.	1.
2.	2.
3.	3.
4.	4.
5.	5.
6.	6.
黄色立方体	**红色立方体**
1.	1.
2.	2.
3.	3.
4.	4.
5.	5.
6.	6.

　　运用多种教学策略的教师能为学习添加新颖的、个性化的元素，能为学生提供更多的选择。这些策略通过提供尽可能多的学习风格和多元智能的选择，让不同的学生都能找到适合自己的"尺寸"，从而真正参与到练习与复述之中，并加深理解。

差异化课堂上技术的运用

　　技术对于今天的课堂来说是必不可少的。毕竟，我们要一直和"数字原住民"打交道。学生认为技术是他们世界的一部分，这使他们有动力去使用技术工具。大部分教室都配有文本阅读器，交互式白板，与黑板配套、可供教师使用的计算机。几十年来，计算机实验室在学校已经非常普遍。今天，很多学校还为每个学生提供了平板电脑或者笔记本电脑。这些投入花费很高，但被证明是值得的。有些学校使用移动电脑车，装着足够多的平板电脑，保证每个学生都可使

用。这意味着计算机实验室已经移到了教室内，随时可供学生使用。

课堂上技术的成功使用取决于教师的知识水平。设备随手可得，但是教师必须知道如何使用，使得设备成为一种有用的教学策略。因此必须提供技术方面的专业培训。

运用技术工具的优势大于劣势，但是如果监控和设计不好，就会存在一些问题。完成学习任务的时间和教学的时间都是很宝贵的。以下是一些和技术运用相关的问题：

- 设备意外故障导致的中断；
- 游戏代替知识学习成为重点；
- 技术的过度使用，导致学生惰性思维，不愿使用其他好的方法来思考和解决问题；
- 开小差行为；
- 技术工具的误用。

学生有很多在计算机上学习和练习的机会，在此过程中他们能运用高阶思维技能解决问题。但教师不能在课堂上将技术视为唯一的教学策略与工具，而是要列为众多教学方法之一。当运用技术将学生个体与教学主题连接起来时，让人印象深刻的学习就产生了，如相关的视频剪辑，这一代学生喜欢的音乐，或是学生不熟悉的某些网络图片。学生可以和来自世界各地的学生、其他学校和其他课堂的学生进行互动和信息交流。

教室里的应答器可以确保每个学生都能回答问题。每个学生，每一对学生搭档，或者每一小组学生，都可以配一个应答器，以回应教师提出的问题。当所有学生给出自己的答案后，教师可对每个观点、学生的错误理解、学习上的差距、教师干预的必要性或者学生已经掌握的领域等进行评估。

技术工具很受学生的欢迎。但我们必须监控它的使用，建立规则，确保其在课堂上能被规范使用。为了避免技术的不当使用，教师心中必须确立清晰的教学期待。

越来越多的学区允许学生在课堂上使用个人学习工具，如电子阅读器、相机、平板电脑和智能手机。这些工具能极大地刺激大脑，从娱乐性工具变成有用的学习工具。比如，智能手机可以用来发送信息和电子邮件，接收和发送照片以及看视频、玩游戏和冲浪。这些工具在学习中既有用处又富有挑战性。学生常常对听课和作业感觉厌烦。如果给学生提出挑战性任务，让他们利用技术工具找到答案，创造呈现知识的独特方式，学生就会兴奋地积极参与。关键在于教师要找到合适的使用教育技术工具的契机。也需要教师不断地监控，强化学生的规则意识。

更少的纸张，更多的科技

越来越多的教师在课堂上运用技术工具和计算机程序进行备课，这样一来，教学需要的纸张就更少了。比如，很多项目的学习需要在网上完成；电子成长记录袋可以用来展示学生作品、接受评价和反馈、自评和完成目标；课上作业和家庭作业也可以在网上进行，学生可以和同伴在网上进行交流、互相帮助，教师也可以在网上给出反馈。教师也可以把教学计划、学生出勤率传到网上，和其他教师、学生、管理者以及家长在网上进行对话。

这种方式的成功意味着学校教职工需要持续不断地追求专业发展。必须为教师提供培训，让他们学习如何运用设备与程序。而且，在这个过程中让这些设备程序易被获取、能够及时得到更新也是很关键的。此外，学校应当通过持续分享可用的最新资源，为教师课堂教学的成功提供更多工具。

一些实践运用技术的有用工具

现在的教师有很多可用的网络资源，如博客、维基百科、网络讨论区、搜索引擎、网上调查，等等。（Chapman et al.，2001）教师们应该持续查找能为课堂技术的实现提供最大价值的工具网站。

有很多教学策略能帮助我们继续学习，提高专业技能，这就像往衣柜里增加衣服。然而，随着教师们技能的提高，他们更应该关注如何调整教学以面向全体学生，如何使用不同的策略吸引不同的学生。

同一种尺寸不能满足所有人的需要，让人高兴的是，同一种尺寸本来也不必适合所有的人。

章后反思

请在你的专业学习共同体里讨论以下问题：

1. 思考表 6.3 中的内容，哪些策略是你经常使用的？

2. 下个月你会将本章中的哪一种教学策略整合应用到你的课堂中？

3. 你将如何做？你会针对哪些教学内容来尝试？

4. 你将和谁合作并设计实施这一教学策略？

5. 在使用这种教学策略的过程中，你会如何监控学生的进步和反应？

6. 讨论并列出吸引学生注意力的活动和可能会用到的图形组织器。

7. 为即将教授的主题设计立方体活动。

7 适合差异化课堂 教学的课程方法

◎ 学习中心（站）

◎ 项目学习

◎ 选择板

◎ 基于问题的学习

◎ 学习契约

◎ 章后反思

　　我们的衣橱里会有各式各样的衣服，经过一段时间，随着我们添加和扔掉一些衣服，衣橱就会发生"进化"。当我们开发出大量的教学工具，并且能有策略地运用这些工具时，它们会成为差异化课堂的强大推动力。这些工具可以融入不同课程方法的设计中。课程可以以很多方法实施，为的是能吸引每个学习者的注意，并满足他们对新奇知识的需求，从而帮助他们全身心地投入各种活动和对意义的追求中。在本章，我们将探索学习中心（站）、项目学习、选择板、基于问题的学习、探究与调查以及学习契约等课程方法。

学习中心（站）

什么是学习中心（站）

　　所谓学习中心（站），是为实现脑海中的目标而有目的地设计的一系列材料的集合。学习中心（站）能够给予学生多种选择，能够提高学生的社会交往技能，并且能够满足学生各种各样的学习偏好与多元智能，因此，这一方法很好地适应了大脑的功能。学习中心有时也被称为"学习站"。

　　学生利用学习中心（站）的材料，以适合自己的节奏来发展技能、发现知识和进行创造学习。学生在学习中心（站）期间要为自己的学习负责。每个学习中心（站）都有明确的目的。

　　在学习中心（站）学习过程中，为学生提供亲身参与的体验有如下好处：

- 修正、提高、拓展有关技能、概念、标准或主题的知识；

- 追求兴趣爱好，探索丰富的知识世界；

- 基于自身的需要和水平开展学习，接受挑战；

- 变得更富创造力，成为关键问题的解决者；

- 可以有所选择，确定自己的学习节奏，培养坚持的恒心；

- 能动手操作各种类型的材料；
- 促进复杂思维和大脑中树突的生长发育。

学习中心（站）是对可调整的任务的理想设计。教师可以采用不同的方法设立学习中心（站）。

- 针对特定学科领域中的相关话题或主题，提供各种难度水平的学习中心；
- 设立深入调查某一话题的兴趣中心；
- 用于实验、发现和发明创造的自由发明中心；
- 用于补充学习资源和修正学习过程的配备多媒体的计算机中心；
- 有多种阅读材料的资源中心；
- 创造代表知识和创新的手工艺品的艺术媒体工作台；
- 展示事件中人物和事件发展顺序的角色扮演中心；
- 可以动手学习的操作中心；
- 有可调整的任务的技能中心；
- 配有多种写作工具和多种类型、尺寸的纸张的写作中心；
- 用于解决问题的挑战中心；
- 有音乐或者可以阅读虚构类和事实类文本的听力中心；
- 为学生提供与主题相关的各种选择的多元智能中心。

一个有结构、有组织的学习中心会布置特定的任务，并由教师建立日程表。在中心（站）里，学生学习技能或概念，通过多样的体验来完成任务。为培养某项技能或达到某个目标，教师经常为学习中心布置不同水平的任务。在中心（站）里，学生按自己的需求水平和节奏工作，与此同时，接受复杂的动手学习的挑战。（Chapman et al., 2008）

探索中心为学生提供材料并让学生自己决定如何使用这些材料。例如，在一个读书角可以找到多种多样的阅读材料，学生决定读哪种材料以及花费多少时间去读。一旦学生对某个主题有浓厚的兴趣并且达到了合适的阅读水平，他们就会静下心来阅读所选的读物。

建立各种中心（站）能促进多种学习机会的出现。教师在设计过程中可以有意识地调整中心（站）活动，并把适合的学习者安排到相应的学习中心。在中心（站）里，学习可以满足不同学生的需求，涵盖基础学习、纠偏式的学习和拓展式的学习。中心（站）的创立为学生提供了通过多种经历去理解一项技能或一个概念的机会。通过在一个中心（站）布置多种材料和任务，学生对自己的学习更加负责。他们自己做选择并树立个人目标。在中心（站）里，个体对自我成就有一个内在的奖励。通过让学生更大限度地参与主题学习，学习中心（站）为个人追求兴趣爱好和实现才华提供了机会。

我们如何使用学习中心（站）

选择中心

纽约一所中学的历史老师戴安娜·哈格勒建立了一个古代文明学习中心，参加的学生可以选择中国、日本、非洲、中东、西南亚和太平洋等主题进行学习。

目标：

你们各个小组的任务就是从各种资料中尽可能多地找出与所选择的文明有关的知识，然后汇报给整个班级。

过程：

（1）每个小组都有一组彩色编码的文件夹，文件夹会对你们各组的任务标准做出说明，有助于各组成员发现有关古代民族的知识。

（2）小组中的每个人在组内都有特定的角色，确保小组能正常合作，顺利完成任务。

（3）上课的时间主要就用于完成文件夹中的活动。用日志或日记记录你们在组内的学习过程。

汇报：

（1）你将成为你选择的文明主题方面的专家，将有机会和同学分享你的理解。

（2）你们小组需要准备 PPT 进行汇报，每个组员至少负责两页。

（3）你可以使用其他工具来利用自己的多元智能，比如投影仪、黑板、地图、图片等。

（4）每个小组汇报的时间至少 15 分钟，也需要准备回答同学的提问。

评分：

我将用量表从四个方面对你们进行评估，看你们在以下方面表现如何。

a. 内容

    2   4   6   8

b. 讲解汇报

    2   4   6   8

c. 小组合作技能

    2   4   6   8

d. 个人的贡献

    2   4   6   8

数学轮转中心

再举一个数学方面的案例，教师可以创立数学轮转中心（由多个中心组合而成）。学生依次在各个中心展开学习，以完成所有任务。他们提前一天签到进入中心，然后按日程表上的安排展开学习。

中心1——股票更新：在这个中心，学生模拟参与创建他们的股票档案。例如让他们买入、卖出股票，追踪盈利或亏损情况。

引导学生更新一次他们档案中的股票，确定盈利或亏损。他们可以利用网上或报纸上所提供的信息。

中心2——成长记录袋检查：在这个中心，学生检查并整理他们的数学成长记录袋。成长记录袋里应该包括课堂笔记、口算试卷、学习反思和关于解决方案的思维导图，还有所有订正过的有分数的卷子。确保成长记录袋内有自己的反思检查并整理完。当学生记录他们的成长记录袋后，他们可以玩"大人物"和"分数卡"游戏。成长记录袋的颜色相同的学生会在一起玩游戏，游戏的核心部分是找出等值的分数。但只有在所有学生都检查并整理完他们的成长记录袋之后才可以玩游戏。

中心3——把分数改为小数：在这个中心，学生可以应用一些学具开展自我纠正的活动。这些任务要求学生对"找到等值的分数和小数"有基本理解，并且会对比例做初步的介绍。

中心4——"巧克力甜点"：在这个中心，学生拿出一张A4纸并把它从中间对折。在找到与某个分数等值的分数之后，教师要求学生在这张纸的背面写出自己的相应解释。然后他们用马克笔在白板上继续开展一些自我改正活动，并在完成之后擦除所有的答案。

一个学习中心内的差异化

当为一个学习中心准备差异化的学习活动时，要想聚焦于标准上，教师可运用三层次的可调整的任务表格：入门阶段、接近掌握以及高水平掌握。依据掌握水平的不同，不同的学生或是在发现、探索、巩固或者练习当前所教授的知识，或是在复习已教授的知识，又或是在探索即将学习的主题。

现在的学生常常会玩多种等级的电脑视频游戏，因此他们会对这种方法很熟悉。中心活动任务可以用不同的颜色编码并标注，例如：

入门阶段　　　　　　　　　水平 1：绿色

接近掌握　　　　　　　　　水平 2：黄色

高水平掌握　　　　　　　　水平 3：紫色

当一个学生来到学习中心（站）时，他首先在需要掌握的领域进行学习。在任务完成之后，学生可选择不同的领域学习。

主题式的学习中心：实验

加拿大安大略省霍顿教育局就开展过类似的学习中心设计，其主题是"鸡蛋"。这类学习中心内会有一些科学实验，它们是整体单元设计的一部分。在为这些学习中心设计具体项目时，教师要关注如下方面：

- 课程标准和教学内容；
- 哪些学生将在中心学习；
- 设计哪些活动；
- 所需材料；
- 地点；
- 如何评估；
- 教师的反思。

表 7.1 展示了可用于设计主题式的学习中心的模板。

表 7.1　设计主题式的学习中心的模板

学习中心：＿＿＿＿＿＿＿＿＿＿＿＿＿＿＿＿＿＿＿＿＿＿＿

课程标准：＿＿＿＿＿＿＿＿＿＿＿＿＿＿＿＿＿＿＿＿＿＿＿

教学内容：＿＿＿＿＿＿＿＿＿＿＿＿＿＿＿＿＿＿＿＿＿＿＿

参与者：＿＿＿＿＿＿＿＿＿＿＿＿＿＿＿＿＿＿＿＿＿＿＿＿

活动	材料
	地点
评估	教师反思

管理技巧

教师要为学习中心创建明确而有效的学习空间。它们或是一张桌面、一个铺着地毯的正方形区域、一个实验室，或是房间的一角。它们是包含和特定任务相关的特定材料的学习空间。

当建立学习中心时，要确保标注好材料。例如，如果某些材料和某项任务相关，就可以给材料标上特定颜色或者贴上标志，以把它们整合为一套，方便快速识别。也可以给它们一个"家"，以便它们能待在同一位置。通过这种方法，材料被组织起来并被贴上合适的标签，方便学生找到。学生在分配和清理材料时需要教师的帮助，为此可以设计一个简单、有效的系统。教师要分别考虑各种情况的独特性并制订相应的计划。提前考虑管理策略比让事情"脱离轨道"，继而不得不去重新思考组织安排方面的事情而浪费宝贵的学习时间要好得多。

确立并教授规则，以便所有学生都能达成共识。很多时候，教师对常规课堂的期待也适用于学习中心。例如，"安静地工作并且尊重其他人"在常规课堂和在学习中心都很重要。

确立一种共同的信号来吸引学生的注意力，为的是让所有的学生都知道当听到信号时要做什么。当需要给大组一些行动指令或者到了清洁整理的时间时，这种信号就会显得很重要。

有时候，如果学生在中心提前完成了他们的学习，那接下来就可以安排一些持续吸引学生注意力的活动或"海绵吸水"活动。我们总是可以为学生设计一些有意义的和富有成效的任务。比如，可以安排学生进行一次反思、写一篇日记或者日志，或进行其他形式的自我评估。

有时候，教师可以待在某个中心里，学生轮流来到教师旁学习。当教师需要特别关注某个小组时，这种方法是很奏效的。而在其他中心的学生就要学习自我监督并成为自主的学习者。

当教师依据学生的兴趣爱好把学习中心建立起来后或者当学生利用它们进行"海绵吸水"活动时，这些中心可能最终会失去吸引力。此时，教师应该依据自己对学生需求和偏好的观察和评估，引入新的有趣的学习中心。

如果时间允许，教师可以让学生加入一个新的学习中心。通过监督和讨论学习质量，教师便能做出是否需要开辟一个新中心的决定。

我们如何评估学生在学习中心的学习

评估学生在学习中心的学习，是了解学生在完成任务或解决问题时所使用的思考过程的一种方法。当被问到合适的问题时，学生会让教师了解他们的想法。评价结果表明了学生是否有困难，或在什么地方有困难，以及他们理解哪些部分、哪些部分还需要进一步阐明。然后，教师可以给予学生适当的帮助和后续活动，以使他们按自己的速度来学习，向着目标水准努力。

在中心学习期间，形成性评估是很重要的。学生和教师不断对话，给出并收到反馈。在这段时间里，通过提出恰当的问题，教师可以更多地了解学生。当提出开放性问题时，学生会反思他们的思维并解释相应的过程。口头解释他们是如何解决某道特别难的题目或者如何完成某项任务，能使学生变得更加具有元认知意识以及对任务的反思意识。教师通过使用逸事笔记或一个观察清单，辅之以有效的提问，就可以了解学生在他们的学习和思考中处于什么阶段以及他们下一步需要进行到哪里。评估应该指导实践并告诉教师学生正以何种方式取得进步，以及应该对一个项目做出怎样的调整。

学生和教师都应该关注评估数据，以指导接下来的步骤。

教师评估策略

教师出入各种学习中心，和学生交流并监督他们的学习进展。持续的讨论使学生沉浸在任务中，并且给教师提供必要的数据，以方便其调整和改变活动，特别是那些要么挑战性不够，要么太具挑战性的学习活动。不断进行的修正对调整任务是很有必要的。

逸事笔记。为了做好记录，教师需要经常记录观察所发现的趣闻逸事。一些教师把这种笔记称为"巡航写字板"。这种收集评估数据的逸事笔记，有点类似表 7.2 给出的模板，其中有专门记录学生行为的板块。

观察清单。观察清单可以用来评估正在观察的行为。在中心时间观察的教师能设计最有效的清单，因为他们对信息以及信息在清单中的位置很熟悉。设计清单所花的时间应该比评估所花的时间长。如果设计清单的人也是最终评分的人，他将对数据很熟悉而且用起来不费力。

这种学习中心的观察清单应对应小组的特定需求。比如，某些清单可侧重关注学生的社交技能，另外一些清单可重点关注学生的认知技能，还有些清单可以同时关注两项技能。表 7.3 给出了一些可观察行为的清单样例。

表 7.2　收集数据的"巡航写字板"

巡航写字板				
姓名	日期	时间	学习中心或学习任务	被观察的行为
____	____	____	____	____
____	____	____	____	____
____	____	____	____	____
____	____	____	____	____

表 7.3　用于满足小组特定需求的观察清单

学习中心观察清单

姓名_____　　中心_____　　学习单元_____

任务类型_____　教师的分配_____　学生的选择_____

教师　日期_____　签名_____

同伴　日期_____　签名_____

自己　日期_____　签名_____

学习习惯	还不具备	有时具备	大部分时候具备
坚持学习			
按时完成任务			
适当地使用材料			
完成所有任务			
遵循中心规则			
明智地利用时间			
使用社交技能			
分享材料			
倾听他人			
帮助他人			
尊重自己和他人			
表现出耐心			
小组学习			
轮流			
分享材料，交流思想			
适当参与			

学习习惯	还不具备	有时具备	大部分时候具备
当别人说话时予以关注			
合理沟通			
和他人合作良好			
附加说明：			

有效的提问技巧

开放性问题与陈述性指令。通过适当提问，让学生展示所学的内容。恰当的问题能够展现出学生独特的思维过程，这种如何在某一特定时间完成任务和解决问题的思维过程对每个学生而言都是独一无二的。它可以显示出学生的优缺点、理解的误区或者需要进一步明确的地方。

下面是有效提问的例子：

- 告诉我你正在做什么。
- 你是如何做的？
- 请告诉我你是怎样一步一步地做的。

学生自评

学生可以用日志或日记进行自评。如：

（1）今天，我想告诉你＿＿＿＿＿＿＿＿＿＿＿＿＿＿＿＿＿。从下面选择一个你想要分享的问题。

a. 我正在做什么

b. 我为什么要做

c. 它为什么重要

d. 我如何使用它

e. 我为什么选择做这个

f. 接下来我需要做什么

（2）四种思维反馈。

a. 我最喜欢的部分是_____。

b. 我还不太清楚的部分是_____。

c. 需要有人告诉我更多有关_____。

d. 接下来，我需要_____。

（3）今天，我将收到"_____奖"。（做一个获奖证
书或绶带）

学生在中心学习后，可以让他们每个人对中心做出评估。可以在中心放一些
卡片，让学生写好反馈后交给老师。我们可以使用表 7.4 中的部分或者全部内容
来了解学生的反馈。

表 7.4　中心的学生学完后评估反馈卡样例

姓名_____　　　　中心_____　　　　日期_____
在这个中心我学到了_____
_____
_____
我所在的这个中心是
1._____
2._____
当我在中心学习时，我_____
_____
你会为你的学习打几分？
1　　2　　3　　4　　5　　哇！

在中心学习后的日记记录也是很有用的。下面是一些有关日记的样例，它们

能帮助学生反思自己在中心的学习。

- 在中心学习期间最好的事情是_____。
- 在中心学习期间最不好的事情是_____。
- 下次，我_____。
- 我学到了_____。
- 这是我一步步做到的：_____。

在中心学习的时间或许是学生课堂学习中最有效的部分。当教师建立的学习中心拥有了那些专注于培养学生学习能力的、经过缜密思考而形成的挑战性材料后，它们就能为学生在中心的学习和探索提供富有意义的学习体验。这不是为了仅仅体验有趣的经历或者填补学生时间上的空白，而是为了实现以满足不同学习者需求为目标的有效学习体验，更是为了给学生提供使用多元智能机会的有力工具。表 7.5 就为教师创建学习中心和选择项目提供了丰富的建议。

表 7.5　多元智能：学习中心和项目学习中的建议

语言智能

- 准备一个报告
- 写一个剧本或者一篇文章
- 创作或者背诵一首诗
- 听关于……的录音
- 采访
- 为图表命名
- 为……给出指导（语）

身体-运动智能

- 设计一个角色扮演活动
- 创建一个模型或者做示范

人际交往智能

- 和伙伴或者小组合作
- 讨论并得出结论
- 共同解决一个问题
- 调查或采访他人
- 根据有关主题开展对话
- 使用合作小组

- 表演一个哑剧

- 为……创作一个舞台造型

- 运用材料

- 在某种模拟的情境中学习工作

- 为……设计一些动作

音乐-节奏智能

- 编说唱歌曲或者民谣

- 编一首短歌并教给别人

- 听有关……的音乐选段

- 写一首诗

- 为特定目的选择音乐或者歌曲

自然观察智能

- 探索或者实验

- 对材料或者观点进行分类

- 从自然中获得想法

- 把材料用于新的地方

- 把观点和自然联系起来

- 检测材料的性质，进行总结

逻辑-数学智能

- 创建一种模式

- 描述序列或过程

- 形成合理的观点

- 分析某种形势

- 批判性评估

- 分类、排序、比较

- 解释有关……的证据

- 列时间表

自我认知智能

- 思考，做计划

- 写日记

- 回顾做事的方法或者画出思维导图

- 把先前知识与经验和当前所学联系起来

- 元认知时刻

视觉-空间智能

- 画画

- 创作或者展示壁画

- 用图画描述一起事件

- 制作示意图

- 创作卡通片

- 涂色或者设计一幅海报

- 设计图表

- 运用颜色……

项目学习

什么是项目学习

项目学习是一种深度学习，在这种学习情境中，学生作为调查员、研究员和知识的发现者去探索某个主题。项目学习能为学习者提供丰富的机会，让各种准备水平、不同兴趣或者不同学习情况的学生都能够深入学习。项目通常指向某一学科领域的某一特定主题。

具体的项目可以是教师提前安排好的，也可以请学生从选择清单中选定。当决定从列表中选择项目时，要确保最终选择的项目都能满足以下标准：

- 有清晰明确的标准；
- 适合学生年龄，以便学生能够独立完成任务；
- 可以教给学生一些在一学年中他们需要学习的内容；
- 能够给学生提供选择；
- 符合学校或班级已经确定的时间表；
- 可以通过已经建立的评估工具进行评估。

结构化项目

在结构化项目中，学习目标和指导原则是结构化的且为学生共享。为了赢得成功，学生常常会运用他们理解的概念和已掌握的技能，富有创造力地展开学习。比如，在几何教学中，给学生布置一个搭建项目（用给定的材料搭建最高的独栋建筑）。教师可以给全班学生布置这个项目，但只对学生个体或者小组做出反馈。

与主题相关的项目

这些项目是典型的、传统的学校项目。学生选择他们感兴趣、能激发他们积极性的主题，并通过做出相应的作品表明他们的所学或者对他们特别重要的内容。比如，学生可以选择一个他们各自很感兴趣的、与"二战"有关的政治人物、话题、特定地点或者事件。

开放式项目

开放式项目的指导和要求都很少，结构也比较松散，其目的在于鼓励学生冒险和勇于创新。这些项目可能对学生形成挑战，能促使学生利用他们的知识与技能，做出应对挑战的作品。例如，某中学的一个班考虑开发一些有利于老年人使用的创新产品。当学生设计问卷，通过调查或者访谈收集来自老年人的数据时，这个过程就提高了他们单元学习要求的读写技能。他们运用网络获取有关趋势和老年人需求的具体信息，还可以运用简单机械和其他科学原理以及数学技能，最终，借助动手操作和丰富的创意，他们设计出了相应的产品。

我们为什么要使用项目学习

项目学习建立在学生的兴趣基础上，能满足学生的好奇心，所以常被教师使用。学生在项目学习中学习规划时间，发展不同水平的研究技能。项目学习还为学生提供了选择权、所有权和责任感，鼓励学生提升独立学习以及自主学习的能力，促使学生在管理时间与材料的同时，在适合他们能力水平的抽象复杂的情境下工作。此外，项目学习具有强大的动力，鼓励学生就感兴趣的话题进行深度探讨，并允许学生按自身的节奏学习。然而，学生在项目学习上所花的时间必须是值得的，经历必须是有意义的，而不能只是消磨时间。项目学习帮助学生在更高的水平运用知识，而不是简单地回顾知识。这也有助于学生更充分地理解概念，构建他们自己的理解。带着情感体验在情境中学习是有意义的，所以其所学在记忆中保留的时间也更长。项目学习强调过程也强调产出，融合了很多概念、事实和技能。

我们如何使用项目学习

在设计任何一个项目时，教师的脑海中都必须有明确的学习结点。也就是说，项目的设计必须建立在清晰的学习目标、标准和内容的基础上。项目必须适合学生的年龄和水平，这样任务才会有趣且具有挑战性，学生才不会有压力。

教师通常会给学生提供项目建议清单。因为学生的学习风格不同，设计清单时要考虑到不同的智能类型，这样，学生就可以运用自己擅长的智能进行学习并完成最终的汇报。这样的设计能帮助学生跳出仅仅调动语言智能（如写文章、撰写论文、口头表达等）的局限，从而能够真正聚焦在知识的学习上，有助于其花时间提升理解能力，对学习主题有更深入的领会。

开展项目学习的步骤

1. 选择一个主题。

2. 设计一个行动方案，包括时间表、职责分配（如要开展小组合作），等等。

3. 实施计划。

（1）收集想法

（2）列出可用的资源

（3）确定形式

（4）参考评估量规

（5）讨论

（6）汇总想法

（7）准备汇报

4. 展示和呈现项目

评价：自我评价，同伴评价，教师评价，重要他人评价

学生可以选择提交一份项目学习契约。这份学习契约既要满足类似其他项目任务的统一标准，又能反映学生对研究领域的自主选择。学生要把拟好的学习契约交给教师，等待其批准，不过，这一活动最好在学生和教师讨论后开展，这样，学生能够详细地解释他的思维过程与想法。师生之间展开协商，直到达成合理的学习契约。因为学生对选择的领域有更大的兴趣，所以，教师可以允许学生先自主拟订学习契约。这对学生来说是很重要的，因为它满足了学生的个人学习需求。对学习有强烈需求的学生肯定学得更多，他们会更加投入和积极参与，会花更多的时间和精力在项目上。

评估

设计评估量规时，需要有明确的标准和指标，有清晰的期待和评分形式，对学习要求有非常具体的解释。学生需要清楚成功的标准，而评估量规能够成为学生参与项目时的指引。评估量规可以向教师、学生和家长清楚地显示出项目学习自始至终的要求、准则和期望（见表7.6）。

表 7.6　项目评估量规

姓名	_____
项目	_____
日期	_____
自己	_____
同伴	_____
教师	_____

信息的准确性

2_____ 　　3_____ 　　4_____ 　　5_____

视觉材料的运用

2_____ 　　3_____ 　　4_____ 　　5_____

完整程度

2_____ 　　3_____ 　　4_____ 　　5_____

展示与汇报

2_____ 　　3_____ 　　4_____ 　　5_____

团队成员的参与度

2_____ 　　3_____ 　　4_____ 　　5_____

时间的合理使用

2_____ 　　3_____ 　　4_____ 　　5_____

评论或说明：

_____

　　学生通过日记或者日志记录下项目开展的时间、研究结果和过程，这些可以展示出学生所学、所用以及所做的事情。如果是与他人合作，学生还需要使用适当的社交技能，协商彼此的任务量，促进项目的开展。学生也需要反思他们合作时的小组互动情况。教师布置任务或学生选择角色或者职责时，师生双方都是需要承担责任的。

可调整的项目

教师要提供适应学生准备水平的一系列资源。这些资源应该是多层次的，并且是和学生年龄相适应的。要给学生足够的时间去收集和选择资源。学生选择适合他们项目的资源，自然也会选择适合他们准备水平的材料。学生很少选择他们不理解或者不懂的材料。

因此，由于学生的特点不同，项目总是在被调整。大量的多媒体与人力资源被应用到项目学习中，网络和技术也是有价值的工具，应该在项目中运用。这对学生来说是有趣的，能够吸引他们，有助于提高他们获取信息、收集信息和处理信息的技能。

项目样例

整数项目

数学老师埃伦·威尔肯想让学生理解整数，于是设计了以下项目。

通过运用以下项目展示整数运算（+，−，=，×）知识：

1. 用 A4 大小的纸来制作表格，用例子展示整数运算规则。

2. 创作一首有关整数的诗、一篇有关整数的文章或者一幅有关整数的连环画。

3. 制作或设计需要运用整数计算的一件立体艺术品、一道难题或者一个游戏。

4. 创作和现场表演（或录制）一部戏剧。

5. 谱写并演唱一首歌曲或朗诵简单的诗歌。

6. 采访班级之外的人对整数的理解，将他们的回复进行录音或者录像。

7. 写一篇自传体的文章，表达你对整数运算的理解，说说将来它会对你有什么帮助。

8. 通过使用照片、样例和图画，说明整数的性质。

这位数学老师告诉我们，当学生独自从事自己选择的学习任务或者和同伴一起学习时，参与度非常高，他们的理解更加透彻，能够有效应用自己获得的理解。

营养与健康项目

以下是辛迪·帕鲁尔老师设计的营养与健康项目样例，它为学生的多元智能提供了多种选择。

营养与健康项目行动设想

如果你擅长音乐或者节奏，你可能喜欢：

● 创作一首和健康有关的歌；

● 创作一首营养方面的诗歌；

● 编一首和健康相关的说唱歌曲。

如果你擅长写和说，你可能喜欢：

● 准备一则相关的格言，每天早上宣读，提高健康意识；

● 创作一则营养广告；

● 写一篇有关健康问题的报道；

● 制作营养方面的宣传册；

● 读与营养和健康相关的书，做一个相关报告；

● 采访健康方面的专家，汇报你的发现；

● 记录你一周的日常饮食和运动情况，和大家分享一下自己将如何改进。

如果你擅长跳舞和表演，你可能喜欢：

● 表演描述营养要素的话剧、舞蹈或者小品（饮食失调、冠心病等）；

● 为朋友或家人做一顿晚餐；

● 根据你喜欢的歌曲编一支常规舞或爵士乐健身操，把它教给你的几个朋友；

● 就健康元素创编一首诗歌，或者进行录音、录像。

如果你擅长与他人合作，你可能喜欢：

● 在一些发放免费食品的救济点（厨房）做志愿者；

● 在饮食服务公司做志愿者；

● 调查从事营养方面工作的人，帮助他们改善健康，和他们保持联系以促进
  他们的改进（比如制订运动或者低脂肪饮食计划）；

● 组织锻炼或健身小组，定期见面；

● 给小学的弟弟妹妹们教授营养方面的知识。

如果你擅长运用数字和图表解决抽象问题，你可能喜欢：

- 收集数据，制作图表，说明健康问题中的各种关系（如每天吃 5 种水果蔬菜和保持正常体重之间是否有关系）；
- 开发一个和健康与营养有关的棋盘游戏；
- 做一个和食物有关的实验（如检测其中脂肪、糖、盐、酸、碱等的含量）；
- 根据你的体重和活动水平，确定每天需要多少卡路里，制定反映卡路里数量的菜单；
- 使用电脑制作营养或者健康手册；
- 对比和比较不同的营养方面的知识（如水和运动饮料）；
- 进行与食物相关的研究。

如果你擅长独立学习和自我提升，你可能喜欢：
- 记录你一周的饮食情况，明确改进方法，满足食物金字塔和饮食指南的要求；
- 计划一周的家庭套餐，制作购物清单；
- 设定健康方面的目标和完成方法（比如，增肥、减肥、定期运动），记录你的进步状况；
- 参加有关健康的会议、讲座或者研讨会，汇报你的收获。

如果你擅长画画、创作，你可能喜欢：
- 画一张反映营养均衡的图画或者海报，挂在咖啡厅展示；
- 为朋友或家人制定一个新食谱并实施一段时间；
- 根据健康和营养主题设计一个有教育意义的游戏；
- 制作反映营养均衡理念的视频材料；
- 运用食物设计新的配菜方法，吸引年轻食客尝试新食物；
- 绘制一本有关健康的画册。

如果你对自然和生长的植物感兴趣，你可能喜欢：
- 自己种植食物（如西红柿、黄瓜），并在食谱中使用；
- 冰冻、罐藏、干制、储藏食物，方便以后再食用（冻玉米、番茄罐头、苹果酱、果冻、速冻西兰花、苹果干等）。

动物项目

以下是一个动物主题的项目样例，是由杰米·唐豪尔老师设计的。

你们要做的项目是教幼儿园和一年级的孩子有关动物的知识。你将给他们看一些你自己收集的动物卡片，这些卡片上的动物都是你特别喜欢或感兴趣的。你还需要从下面选择一项，用于在教室的"动物园"里做一个展览。

- 用一个盒子做一个动物居住环境的栖息地模型；
- 假设你是动物专家，正在野外对动物进行为期一周的观察，写一篇日记，确保写清楚动物一天的活动；
- 假设你喜欢的动物被带往一个国家，而这个国家的人们从没见过这种动物，写一篇可以刊发在报纸上的文章来介绍该动物，要写清它吃什么，外观大小如何，自然居住环境是怎样的，等等；
- 写一个故事或者一首诗，介绍你喜欢的动物；
- 设计一则可以在杂志上投放的广告，鼓励人们捐钱帮助你把一些动物送至林肯动物园里生活；
- 制作一个手册，介绍有关你喜欢的动物的趣事；
- 画一张有很多细节，和动物原型一样大的画；
- 画一张海报，其中要包含你喜欢的动物的重要信息；
- 做一本连环画介绍你喜欢的动物；
- 设计一张世界地图，告诉人们你喜欢的动物最初来自哪里；
- 用纸做一个动物模型；
- 做一本能把你喜欢的动物像明星一样弹出来的立体书；
- 创建食物链，说明大自然中哪种动物会吃你喜欢的动物，你喜欢的动物又以哪种动物为食；
- 给州议员写信，告诉他们为什么你喜欢的动物很重要，请他们保护它；
- 如果你有和上面所有这些项目不同的想法，请先告知我再开始学习。

移民项目

德鲁·特斯勒和杰米·唐豪尔老师对动物项目进行了改造，创立了移民项目（见表 7.7）。

表 7.7　移民项目选择板

姓名＿＿＿＿＿＿＿	日期＿＿＿＿＿＿＿
移民项目菜单：你在一周内的工作是完成四项任务，从每个方框里选一项任务。	
1. A. 为了生存，我们需要哪些不同的东西？画出每一项我们需要的东西，写出其之所以重要的原因。 B. 创建维恩图（两个圆），对比古代民族的生活和我们现代的生活。	2. 找一个同伴，在地图上画出人类移民的路线，标出这些区域： 　　加拿大 　　美国 　　北美 　　南美 　　墨西哥 　　大西洋、太平洋和北冰洋
3. 想象：你有很多朋友都穿过大陆桥，搬到那边去住了。 写一封信给你的家人，说服他们搬到以下地区。让他们知道你为什么要搬家，你穿越新大陆的原因是什么，用明信片介绍一下那里的生活是什么样的。 可选择的地区： 　　北极 　　山区 　　海边 　　热带地区 　　平原 　　森林 　　密歇根湖周围 记住：事情不像现在看到的那样！要想象我们正处于 1 万多年前。	4. A. 你现在在芝加哥，你准备夏天搬去沙漠。你需要带些什么才能在沙漠里活下去且住得舒服？列出清单，画出你需要的物品。 B. 写一个短故事，说明：你是在这个大陆生活的第一人，搬到的新地方是什么样子，你需要为哪些变化做准备，为什么选择这个地方而不是另外一个地方，你都经历了哪些艰难险阻才到达目前这个地方。

有关《人权法案》的社会学科项目

中学社会学科老师卡萨·加布丽埃尔运用多元智能设计了有关《人权法案》的单元学习项目。她制作选择板供学生选择活动，展示知识（见表7.8）。

表7.8 《人权法案》选择板

人际交往智能	自我认知智能	视觉-空间智能
为你的学校创立《人权法案》。	日记：解释你每天是如何使用《人权法案》中的第一条所提到的自由的。	观看相关的动画视频，为每一条修正案制作一幅海报。
身体-运动智能 角色扮演：制宪会议。	万能牌（自创活动任务）	自然观察智能 列举一些权利被剥夺的情境。识别哪些权利和相应的修正案受到了侵犯。
逻辑-数学智能 为一系列影响宪法制定的事件排序，制作时间表。	音乐-节奏智能 为《人权法案》创编一首说唱乐、诗歌或者歌曲。	语言智能 创设有关《人权法案》第一条，即"第一修正案"的助记方法，比如RAPPS： 宗教（Religion） 集合（Assembly） 请愿（Petition） 新闻（Press） 演讲（Speech）

太阳系项目

表7.9是科学老师杰米·唐豪尔为他教学的"太阳系"单元设计的选择板。

表 7.9 "太阳系"选择板

科学—太阳系—星球研究
必须做的：
运用教室里的计算机上标记的研究网站，选择一颗行星，运用相关软件写一篇说明文，描绘星球的外观、大小，星球上发现了什么样的气体。文中需要包含从研究中得到的很多有趣的事实。
可以做的：
运用软件创建一幅词语地图：其中包含有关每一个行星的一条事实和三条关于太阳系的有趣事实，务必同时插入相关图片。

写三个有关太空的具体问题，稍后，教师会通过电子邮件把这些问题传到美国宇航局的航天员那里。	把你选择的行星和地球做对照和比较。如果你选择的是地球，选择另外一颗星球做对照和比较。	假设你是一名宇航员，要给住在地球上的家人写一封信，介绍你在太空的一天。介绍你做了哪些实验，你吃了什么，你在哪里睡觉。
上网研究月相的有关知识，制作一本介绍所有月相的图画书，每一种月相用一两句话进行总结。（可以用项目板旁的白纸制作书）	你想自创任务？让我们谈谈吧！	假设你是旅行社的一名职员，你要制作一本芝加哥旅游手册，吸引游客四季都来芝加哥旅游。请向游客介绍芝加哥，告诉他们在芝加哥的不同季节里分别可以体验到什么，并画出图画，说服人们在各个季节都愿意来芝加哥旅游。
画出你心目中的航天飞机。包括尽可能多的细节，在项目板旁的大纸上用一段话描述你的飞机。	为一部太空探险电影制作一张电影海报。海报中包括星球、太阳和月球的图片。	研究网上或者出现在课本上的星座。然后，用星星贴画在项目板创建自己的星座。写出故事，介绍它是如何形成的、为什么叫这个名字。

选择板

选择板给学生提供了处理信息、练习知识和技能的多种渠道。学生可以独立完成学习，或者选择一个或更多的同伴一起完成任务。他们可以从九宫格型的选择板中选择一行中的三个，再自由选择，或者用"万能牌"自创任务。选择板可以设计成有多种选择行，或设计成其他不同的形状、格式等（见表7.10、图7.1、图7.2），也可以围绕多元智能进行设计（见表7.11）

表 7.10　社会学科的选择板样例

每个学生报名加入一个小组，在自己感兴趣的领域展开学习。为了让每个学生都能选到自己喜欢的领域，要保证选项数比学生数多。

今天要研究的国家 _____

政府	地理环境	信仰与宗教仪式
1._____	1._____	1._____
2._____	2._____	2._____
3._____	3._____	3._____
4._____	4._____	4._____
居民	娱乐方式	职业
1._____	1._____	1._____
2._____	2._____	2._____
3._____	3._____	3._____
4._____	4._____	4._____

图 7.1　选择轮样例

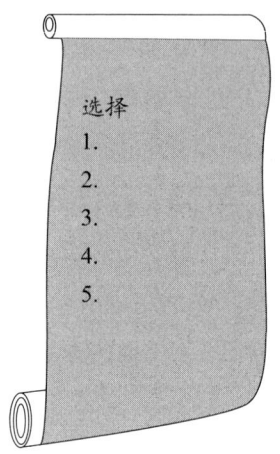
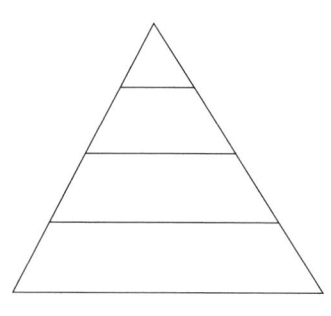

图 7.2　选择板可能包括卷轴形和金字塔形

表 7.11　多元智能选择板

语言智能	音乐-节奏智能	视觉-空间智能
● 准备一个报告 ● 写一个剧本或者一篇文章 ● 为……给出指导（语） ● 创作或者背诵一首诗 ● 听磁带或者看视频 ● 用自己的话复述 ● 创建一个词语网络	● 编说唱歌曲或者民谣 ● 写一首短歌 ● 写一首诗 ● 选择音乐来烘托故事或者事件 ● 创编……的韵律	● 创作一幅壁画、海报或者图画 ● 用图画描述一个事件 ● 制作图表 ● 设计图形组织器 ● 运用颜色…… ● 创作连环漫画，展示…… ● 制作一个故事展板 ● 创建一个由有意义的手工艺品组成的拼贴画
逻辑-数学智能	**自创活动任务**	**身体-运动智能**
● 创建一种模式 ● 描述序列或过程 ● 形成合理的观点 ● 分析某种形势 ● 续写 ● 批判性评估 ● 分类、排序、比较 ● 解释有关……的证据 ● 设计一个游戏以展示……		● 设计一个角色扮演活动 ● 创建一个模型或者做示范 ● 表演一个哑剧 ● 为……创作一个舞台造型 ● 在某种模拟的情境中学习 ● 为……设计一些动作

续表

自然观察智能	人际交往智能	自我认知智能
● 探索或者实验	● 和伙伴或者小组合作	● 思考，做计划
● 对材料或者观点进行分类	● 讨论并得出结论	● 写日记
● 从自然中获得想法	● 共同解决一个问题	● 记录……的过程，并对……做出评论
● 把材料用于新的地方	● 调查或采访他人	● 回顾或者想出一种方法
● 把观点和自然联系起来	● 根据有关主题开展对话	● 反思角色，表达他（她）的情感
● 检测材料的性质，进行总结	● 使用合作小组去做集体项目	● 想象一下如果你……会有什么感受
● 贴标签与分类	● 呈现人物角色的观点	
● 基于信息，得出结论		
● 预测……		

基于问题的学习

什么是基于问题的学习

基于问题的学习为学生提供结构不良的开放性和挑战性问题。学生在真实世界中使用知识和相应的过程方法来解决问题。基于问题的学习作为一种可选择的课程，为学生提供了在现实生活情境下解决问题的机会。这些问题结构松散，没有唯一正确的答案，要求学生调查各种选择，运用正在学习和实践的内容及过程方法。学生需要形成假设并验证他们的理论，利用来自文本和其他资源的证据，做出推论，并用依照实际信息形成的论据去支持某种观点。

为什么要采用基于问题的学习

霍华德·加德纳在2004年把"智能"定义为解决问题、处理危机和为自己的文化创造价值的能力。在大部分学区和《共同核心州立标准》中，解决问题的能力是一个很明确的标准。只学习事实的学生可能在益智问答游戏中表现得很好，但获取信息和在实践中创造性地使用信息的能力则是一个更有价值的目标

（Sternberg，1996），因为它会使人终身受益。基于问题的学习给大脑提供了激发兴趣和参与的条件。它鼓励创造性学习，为学生提供了通过多种方式使用他们的技能和能力、利用一系列资源以及在教师主导的目标和自主学习选择之间掌握平衡的机会。

我们如何进行基于问题的学习

解决问题的步骤

当学生解决问题时，他们需要遵循以下步骤：

- 明确问题；
- 利用背景知识和经验进行分析；
- 从自己已经会了的地方开始；
- 对具体拟采用的方法进行规划设计；
- 按自己的进度展开；
- 使用创造性的解决办法。

澄清问题

通过讨论和质疑，学生明确议题，找出要解决的问题的重要部分，然后对问题进行清晰的陈述。

确定资源

学生需要检查手中已有的资源，包括他们从过去经验中习得的知识与处理问题的过程和方法。设计一个 KND 表格对于组织这类信息是有帮助的。（Fogarty，1998；Stepien et al.，1993）K 代表的是"你对这个问题了解（Know）了什么"，N 代表的是"要解决这个问题，你需要（Need）做什么"，D 代表的是"为了得到你需要的内容，你要做（Do）些什么"。一些教师还会加入第四个要素：P，代表计划（Plan）。学生常常能完成表格前三栏，但是不能做出有序的计划以完成后续的调查研究。制订计划是很多学生需要认真思考的一步。当新的想法和信息出现时，计划是可以修改的，但有了初步的计划就能帮助学生开始着手解决问题。

我们知道什么？我们需要知道什么？我们能做什么？我们的计划是什么？

获取信息

一旦学生确定了他们需要知道什么，他们就会寻求相应的知识和过程方法。这就给了他们使用网络和其他信息获取系统的机会。

提出假设

当学生找到并收集了所有的相关信息后，他们便会提出解决问题的假设。

选择方案并使其合理化

教师应当要求学生将自己认为最适切的问题解决方案展示出来，学生还应对方案的合理性做出解释。

有时候，教师可以要求学生在问题解决中扮演真实的角色并对真实的观众展示解决方案。有位教师要求学生以小组为单位扮演旅行社中的相关角色，设计一次游览所在州首府的旅行活动。他们将重点展示这座城市的历史和地理特色，有根据地向父母展示他们的发现，并说明全班应该参观这座城市的理由。这个问题使学生能够以多种方式参与其中。学生参加旅行的兴趣被调动起来，开始积极地寻找有意思的参观场所，并且很乐意把信息介绍给父母。在这个例子中，教师提前确定了学习目标，引导学生利用动手实践的方法取得学习主动权。

中学老师迈克尔·贝特给他的学生提出的任务是"制作一个可以持续发射钢珠以击中目标的设备"。而对于那些需要更大挑战的小组，他则要求他们制作出能够"射击一个移动的目标"的设备。

一位健康教育老师则向她的学生提出了如下任务要求：

小组1：作为一名运动营养学家，为一个体重达130磅、高近1.65米的女子足球运动员设计一周的食谱。

小组2：作为一名饮食管理专家，为一个想锻炼肌肉并在足球赛季之前增加体重的15岁男孩设计一周的食谱。

小组3：在下一周，写下你吃的每一样东西并计算其营养值以及热量值。可以使用相关的计算机程序来帮助你计算。

她预测，这三个学生小组在回答问题时将会遇到挑战，所以她提供了适合每一个问题解决的具体情境。她允许小组3中的学生在有限的时间里使用教室里的计算机，因为他们需要计算机的支持来完成计算。这位教师重点关注学生对营养的理解和分析，她认为数学计算会使学生感到困惑并降低完成任务的速度，容易对任务失去兴趣。在布置这些任务之前，这位教师就已经询问并了解了学生的学习偏好。

提出具有开放性解决方案的问题，能满足学生的现有水平，同时促使他们更愿意参与获取信息的过程并想出具有创造性的解决方案。在任何年级、任何主题下，问题都是有用的，根据学生准备水平的不同、思维的复杂程度和抽象水平的不同，这些问题都可以被调整。而在项目学习中，学生也是可以主动寻找他们感觉舒适和适合自己创造水平的"尺寸合适"的项目的。

探究、研究和独立学习是另一种课程方法，它也能使学生参与到符合他们水平和感兴趣的活动中。图 7.3 中的探究模式是一个简单的流程图，它可以帮助教师带领学生参与整个学习过程。这个学习过程会从一个探究阶段开始，以便能先确定出研究的主题，并帮助学生建立起背景经验和知识。然后，学生会选择一个重点，并提出一个他们希望进一步探索的问题。他们逐一审视各种可选方案，并根据自己的发现选出最合适的方案，进而决定如何交流他们的学习所得。

学习契约

运用学习契约可以给学生在学习上提供一系列灵活性和选择。（Berte，1975；Knowles，1986；Robbins et al.，2000；Tomlinson，1998，1999；Winebrenner，1992）学习契约能促进学生形成"流畅的状态"，在这种状态下，学生全身心参与到激动人心、富有挑战性的任务中，这些任务适合学生的技能和爱好。

学习契约促使学生做到以下几方面：

- 产生清晰的学习期待；
- 可以运用自身的多元智能；
- 为自己的学习负责；
- 学会规划时间、管理学习任务。

当教师创建学习契约时，他们会思考包含在学科内容中的明确的标准和目标，提前确定评估工具、时间表和清晰的学习期待。

在"二战"这个单元的学习中，为开展引向课堂高潮的活动，教师可以为学生提供八种选择以及一张供学生设计选择性活动的万能牌，他们可以按自己的

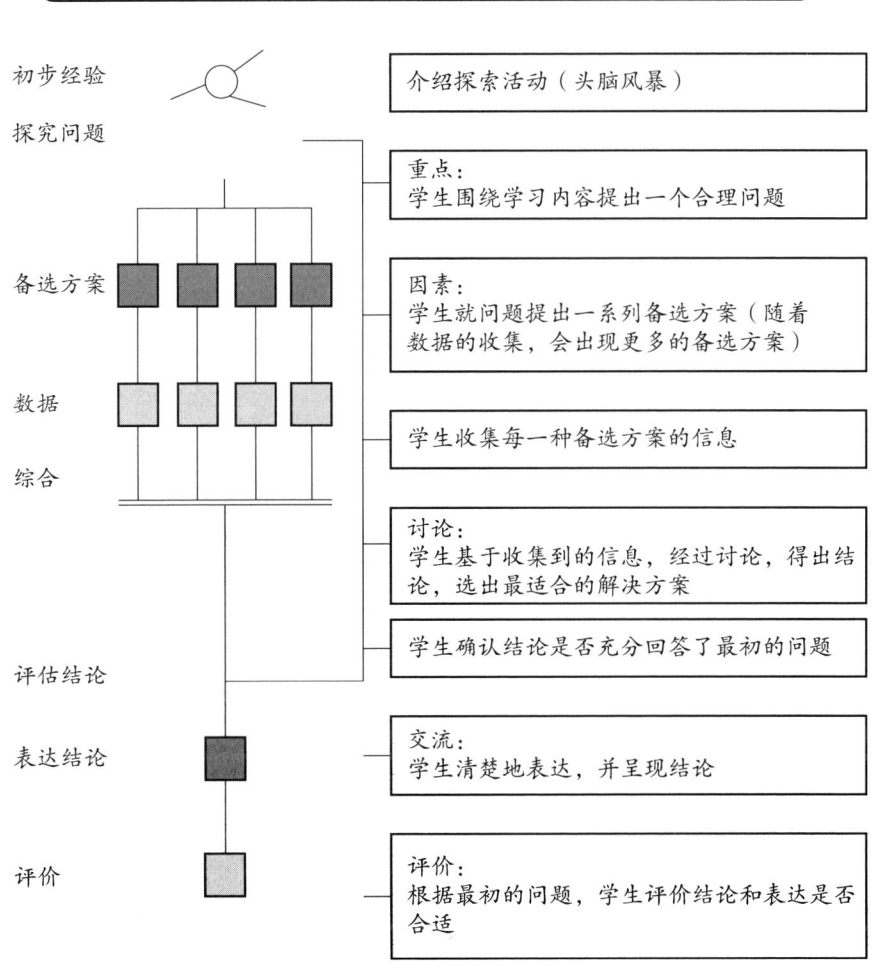

图 7.3 基础探究模式流程图

注：图片引自 Ministry of Education，Ontario，*Research Study Skills：Curriculum Ideas for Teachers*
（Toronto：Ministry of Education），1979，p.20。

进度进行学习（见表 7.12）。要想使用学习契约，就需要在课堂上花一些时间让
学生和教师讨论选择方案，并进行资料收集。当完成常规的课堂任务之后，学生
可以把这类项目作为一个"海绵吸水"活动来完成。当学生选择了其中一项活动
后，就可以把契约表格填好（见表 7.13）。

一些教师还使用双重责任日志（见第 5 章表 5.8），这样，学生就能记录完成

项目的学习时间、过程和进步。

另外一种学习契约就是教师提供一些所有学生都要完成的核心活动，外加学生个体可以自主选择的活动，表7.14提供了具体样例。

表 7.12　学习"二战"的选择板

1. 运用图画或照片设计四张海报，描绘"二战"时期的生活特点。用文字解释清楚你的观点。	2. 设计访谈问卷，至少调查"二战"中住在本地区的四个人，然后从五个方面描述战争对生活的影响。	3. 编写并表演描绘"二战"的简短独幕剧，剧中情节可以是发生在国内战场上的，也可以是发生在国外战场上的。可使用小说或历史参考书中的支持性资料。
4. 阅读类似于《安妮日记》的书，简单描述故事中的四个场景，展示"二战"是如何改变人物的生活的。	5. 万能牌！你可以自主选择任务。请设计一个任务并以一定的形式呈现。	6. 在幻灯片中使用视觉效果、文字和声音，呈现人们在"二战"中的经历。
7. 听"二战"时期创作的不同的歌曲、音乐和电影配乐。参考歌曲的内容，描绘音乐传递了"二战"时期怎样的生活。	8. 收集不同的图片、报纸文章、照片、诗歌和故事。记录"二战"时期生活的方方面面，写一篇私人日记，记下如果你生活在那个时代会有怎样的感受。	9. 创造一个棋牌游戏，目的在于提高对"二战"时期生活的理解。

针对教师的说明：在每一个方框里填入一种选择，如果需要可以使用尽可能多的选择方框。最好整个选择板里的选项要比教室里的学生人数多，因为这样可以给最后一个小组选择的机会。

针对学生的说明：在你选择的选项处签名。

表 7.13　选择一项活动后学生要填的学习契约表格

姓名_____　　　　学习单元_____

我同意完成下列活动：_____

_____

_____

我选择这个活动是因为_____

续表

＿＿＿＿＿＿＿＿＿＿＿＿＿＿＿＿＿＿＿＿＿＿＿＿＿＿＿＿＿＿＿＿＿
我的计划纲要：＿＿＿＿＿＿＿＿＿＿＿＿＿＿＿＿＿＿＿＿＿＿＿＿＿＿
＿＿＿＿＿＿＿＿＿＿＿＿＿＿＿＿＿＿＿＿＿＿＿＿＿＿＿＿＿＿＿＿＿
＿＿＿＿＿＿＿＿＿＿＿＿＿＿＿＿＿＿＿＿＿＿＿＿＿＿＿＿＿＿＿＿＿
＿＿＿＿＿＿＿＿＿＿＿＿＿＿＿＿＿＿＿＿＿＿＿＿＿＿＿＿＿＿＿＿＿
日期＿＿＿＿＿＿＿＿＿
签名＿＿＿＿＿＿＿＿＿

表7.14　可用于教师提供核心活动的学习契约表格

研究作者的学习契约

为了帮助你阅读和写作，你要完成以下核心活动，核心活动有不同的分值。完成核心活动后，可选择一些"自选活动"来完成，核心活动与你自选的活动分值加起来不能低于40分。

请填好这张学习契约表格并在＿＿＿＿＿＿＿之前上交。

每人都要完成的核心活动：(分数)

1. 我将在＿＿＿＿＿之前选择并开始阅读一本书。(5)

2. 我将为自己选择的这本书中的主要人物创作一幅"思维地图"(外貌，性格，友谊/家庭，爱好/厌恶)。(10)

3. 每个作者都会使用有趣的语言方式。选择你认为独特的三段，用自己的语言解释它的含义，并说明作者为什么会选取这样的表达方式。(10)

自选活动：

4. 我将围绕我读到的书中的某个情境或某种矛盾冲突写一段我能表演的对话(1页)。(10)

5. 我将画出能概况书中情节并带有标题的故事插图或者漫画。(10)

6. 我将撰写一则商业广告，设计一幅海报，或者在计算机上制作一本小册子，宣传我的书或者作者。(5)

7. 作为一个评论家，我将写一篇文章分享我自己对书中故事的想法，列出我对这个故事中的哪些方面是认可的，对哪些方面是不太认可的，以及对哪些方面还想进一步探索。(de Bono,1987) 这将形成一篇完整的专栏文章。我将在计算机上运用文字处理软件进行排版。(10)

8.自主设计并完成一项学习活动，但要先和教师讨论是否可行。（5 或 10）

总分 _____

学生签名 _____

老师签名 _____

使用学习契约的单元学习案例

案例 1：社区是如何形成的？

导语： 在接下来的几周里，我们会学习"社区"这一概念。你将参加各种不同的活动，这会帮助你理解社区是如何建立的，以及不同的人是如何帮助社区运转的。班里的每个人都要完成一些任务。你还会有机会选择单独完成或和小组一起完成其他一些任务。

评价标准：

- 全面深入的研究；
- 所有信息都与活动任务紧密相关；
- 无须提醒，始终专注在学习任务上；
- 保持整洁；
- 有创意；
- 能够和他人合作，对小组完成任务有帮助；
- 小心使用计算机设备。

说明： 阅读下面的活动清单。选出你要独立完成或者和小组共同完成的活动，填写表格并签字，最后上交这份《社区学习契约协议》。

班里的每个人都要完成以下活动（见案例表 1）。

案例表 1   班级中每个学生需要完成的活动

完成情况	活动	分数
	运用计算机软件，创作你自己所在社区的思维导图（概念图，多幅图片）。	10
	找出社区中存在的一个问题，思考如何解决这个问题。	5
	做一本《人们居住何处？》的书，画图并描述你画的不同居住地。	10
	设计一个社区模型，其中可以包括你了解到的社区内会有的图书馆、银行、公园、博物馆、学校、医院和警察局等机构场所。	35
	上网搜索，了解其他社区及其工作人员，倾听或者阅读和社区工作有关的故事。	10

从下列这些活动中进行选择（见案例表 2），以使你最后的项目总分不少于 100 分。

案例表 2   可选择的活动

完成情况	活动	分数
	1. 制作一本有关你们社区的旅游手册。这个小册子要能吸引社区以外的人想来你们社区参观。你将如何使你的社区看起来别具一格？你能说出社区里哪些最好的东西？一定要运用图片或者文字等形式使得小册子更吸引人、更专业。	15
	2. 对社区居民进行调查（至少 10 人），找出他们最喜欢社区的地方。你可以提出以下问题：你最喜欢的餐馆是哪家？你最喜欢的建筑是什么？你最喜欢的兽医是谁？首先，请确定你如何找到你要的信息。是你亲自去采访别人，还是设计书面问卷？如果是后者，你又将如何确保最终能收回问卷？最后，设计一张海报，显示调查结果，指出社区里最受人们欢迎的地方。	10
	3. 是什么使得我们的社区很特别？用绘画的方式，反映人们互相帮助的场景、重要的社区中心和社区事件。	10

完成情况	活动	分数
	4.制作幻灯片清楚地解释社区的定义。介绍内容应该包括社区的不同类型、社区服务者、社区文化、社区习俗和政府机构，可以使用各种图表（图片、动画、地图等）。	15
	5.设计一个能够展示社区内某种工作的谜语。	5
	6.你想成为什么？画出你想要成为的那种社区助手。画出助手的工作场所和所需设备。	10
	7.为社区设计一栋建筑，说明这一建筑为什么对社区重要，并回答以下问题：建筑的名称是什么？独特之处在哪里？它是如何满足社区居民的需要的？在这栋建筑里工作的人在社区承担了什么角色？	10
	8.运用计算机软件绘制社区地图，确保包含图例和基本方位。	10

"社区"单元的学习契约： 我_____同意做这些活动，以让我的"社区"单元学习积分不少于100分。以下是我选择的一系列额外活动（见案例表3）。

案例表3 额外活动

额外活动（前两个活动需要教师提供指导）	分数
1.	
2.	
3.	
4.	
5.	

我认为，应按以下标准对我的学习进行评价：

● 全面深入的研究；

● 所有信息都与活动任务紧密相关；

● 无须提醒，始终专注在学习任务上；

● 保持整洁；

● 有创意；

● 能够和他人合作，对小组完成任务有帮助；

● 小心使用计算机设备。

我知道我的学习契约必须在＿＿＿＿＿＿＿＿之前上交。

我会在课堂上努力完成我所选择的学习活动，如果我觉得有必要到课外完成一些活动，我会先和老师商量确认。

我同意在完成学习契约活动时专注于任务本身，不使他人分心，从而也能够尽自己最大的努力。

学生签名＿＿＿＿＿＿　　日期＿＿＿＿＿＿

教师签名＿＿＿＿＿＿　　日期＿＿＿＿＿＿

案例 2：阅读工作坊学习契约

第＿＿＿＿周

我赞同选择正确的好书，阅读、不断地阅读，以便我能……

我将从以下任务中选择一项，并于完成之后在"完成情况"一栏打钩。

我知道我在完成学习契约后仍然要继续我的阅读。

学习契约如案例表 1 所示。

案例表 1　阅读工作坊学习契约

任务	完成情况
写一封信给＿＿＿＿＿＿	
写一篇书评	
回答问题：在这个故事中，谁是最狡猾的恶棍——大坏猪？丛林狼？还是鲨鱼？为什么？（从书中找到证据支撑你的观点）	

我承诺尽力完成我的工作，我会关注以下指导说明，如果有不明白的就提问。

- 运用维恩图对比和比较三只野猪和三只夏威夷猪。

- 根据你掌握的词汇编字谜，找伙伴猜出谜底。

- 收集有关鲨鱼的事实信息，然后在班级里分享。

- 给鲨鱼写一封信，就更新它的伪装色方面给出建议，把你的想法画出来。

- 如果你是故事中的一只猪，写一段话描绘你要建一座怎样的房子。回答以下问题：

  房子是由什么建成的？

  房子看起来是什么样子的？

  房子建在哪里？

  别忘了把你心目中的这座房子画出来！

签名＿＿＿＿＿＿＿　日期＿＿＿＿＿＿＿

　　教师在规划和设计学习契约时可能需要问自己一些问题，用表 7.15 中的问题可以帮助教师设计学习契约。

表 7.15　教师在规划和设计学习契约时需要问自己的问题

要把什么标准、内容和技能写入学习契约中？
学习契约将持续多久？
什么类型的活动将支持标准并吸引不同的学习者？
头脑风暴：可能的设计会有哪些？
人人参与的核心活动会有哪些？

我需要通过检验预评估的结果，设计不止一种考虑学生准备状态的学习契约吗？（从简单到复杂，从具体思维到抽象思维）
每项任务应该分配多少权重？（分数）

所有这些课程方法都可以在学习中进行调整，也都可以基于课程标准使之更加丰富、多样，从而让不同的学生都能参与到既有趣又能促进思维提升的学习活动中。

章后反思

1.请在你的专业学习共同体中，讨论并分享你曾经成功运用的课程方法。

2.分享一些曾经帮助你成功运用以下方法的技巧或分享有关这些方法的变式运用。

- 学习中心（站）
- 项目学习
- 选择板
- 基于问题的学习
- 学习契约

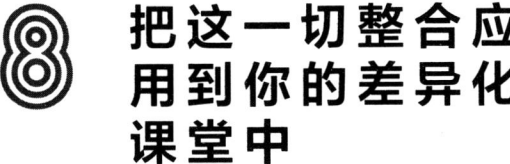

8 把这一切整合应
用到你的差异化
课堂中

◎ 初中课程：人体系统
◎ 高中课程：美国历史

在探索最适合学生的"尺寸"的过程中，我们需要认识到，变革是一个过程，不是一个结果（Fullan，1991）。这种探索的过程能够让我们走上持续提升的旅程。

制订每日的教学计划是需要花时间的，尤其是当我们的计划涉及重新思考我们在"用同一种尺寸满足所有孩子的需要"的课堂上都已经得到了什么时。我们不仅仍然需要"以终为始"，关注《共同核心州立标准》以及课程期待，也要调整和重新设计学习活动，使它们适应每堂课中不同学习者的需求和偏好。当设计教学活动时，我们必须应用基于研究的最佳教学实践。监控这些促使学生学习成果最大化的努力究竟是否有效，对我们所有人来说都是有必要的。

在这本书中，我们展示了一些有价值的观点和策略，希望能够为你的教学工具箱有所增补。到了本章，我们将复习第 1 章中的差异教学六步设计模板以及第 5 章中的可调整的任务图。我们可以应用设计模板（见表 8.1）和可调整的任务图来为不同水平的学校设计差异化课程。我们也可以使用这些组织工具来为处于不同水平的学习者（入门阶段、接近掌握、高水平掌握）差异化地设计学习内容，基于他们的兴趣爱好、准备情况以及多元智能做出差异化的处理。差异化并不总是意味着要把每一节课按照复杂性或挑战性分成三个水平，但它的确意味着要找到有趣的、吸引人的和合适的方式来尊重多样性，帮助学生学习新概念和新技能。每一次当你要满足个体学生的需求时，你其实就在实施差异教学。

我们相信，最重要的是从小处着手，同时又有远大的考虑。例如，如果你能够坚持每周做一道新的"课程美食"，这样，一年下来，你就会有四十道"课程美食"了！

表 8.1　差异教学六步设计模板

1.标准（学生应该了解什么？会做什么？）：	数据收集评估工具：日志、清单、日记、日程安排、课堂观察表、成长记录袋、评估量规、学习契约
关键问题：	

2. **内容**（概念、词汇、事实）：	**技能：**
3. **激活学生思维**（重点活动是预评估）： 预评估 先前知识 使学习者参与其中	● 小测验、考试 ● 调查 ● "已知—想知—新知"策略 ● 日记 ● 用手臂示意理解程度 ● 头脑风暴 ● 概念形成 ● 用拇指示意理解程度
4. **习得**（全体或小组学习）：	● 小演讲 ● 汇报 ● 演示 ● 拼图 ● 观看视频 ● 实地考察 ● 特邀发言人 ● 撰写文本
5. 分组决定（TAPS 原则、随机分组、异质分组、同质分组、按兴趣分组、按任务分组、按结构分组）： **应用** **调整**	● 学习中心 ● 项目学习 ● 学习契约 ● 压缩／丰富 ● 以问题为基础 ● 探索 ● 研究 ● 自主学习

6. 评估： 尊重差异（学习风格、多元智能、个人兴趣等）	● 小测验、考试 ● 表演 ● 作品 ● 汇报 ● 演示 ● 日记、日志 ● 清单 ● 学生成长记录袋 ● 评估量规 ● 元认知

初中课程：人体系统

以下是教师在人体（骨骼和肌肉）系统主题课程中想要达成的《共同核心州立标准》中规定的内容所要达到的目标，表8.2向我们展示了具体的差异教学设计。

ELA RST.6—8.1：引用具体的文本证据来支持对科学和技术文本的分析。

ELA RST.6—8.3：按照一个精确的多步骤程序来进行实验、测量或者完成技术任务。

ELA RST.6—8.9：围绕同一主题，比较和对比从实验、模拟的情境、视频或多媒体源中获得的信息以及从阅读文本中获得的知识。

ELA WHST.6—8.2：撰写信息量丰富的或解释说明型文本，包括对历史事件、科学程序（实验）或者技术流程的叙述。

b. 通过相关的精选事实、定义、具体细节、引用或其他信息和例子拓展对主题的学习。

c. 使用合适的、多样化的过渡来创造结合，阐明各种观点和概念之间的关系。

d. 使用精确的语言以及某个具体领域的词汇来给其他学习者传授知识或解释相关的主题。

表 8.2　中学科学课差异教学设计：探索人体骨骼和肌肉系统的功能

1. **标准**（学生应该了解什么？会做什么？）： 骨骼和肌肉系统协作，完成生命的运动功能	数据收集评估工具：日志、清单、日记、日程安排、课堂观察表、学生成长记录袋、评估量规、学习契约
关键问题： 骨骼和肌肉系统有什么功能？我们如何更好地保护这些系统？	
2. **内容**（概念、词汇、事实）： 肌肉，骨骼，功能，韧带，骨头	**技能：** 视觉表现；寻找因果关系
3. **激活学生思维**（重点活动是预评估）： 预评估　　　　　骨骼和肌肉系统的三项功能 先前知识　　　　你想要问的两个问题 使学生参与其中　应该知道的一项原因 　　　　　　　　标出骨骼和肌肉系统的各个组成部分	● 小测验、考试 ● 调查 ● "已知—想知—新知"策略 ● 日记 ● 用手臂示意理解程度 ● 头脑风暴 ● 概念形成 ● 用拇指示意理解程度
4. **习得**（全体或小组学习）： 运用先行组织者，三人为一组看视频。 小组讨论，填写先行组织者，进行总结和记笔记。 把看视频得到的信息和与任意一个同伴共同阅读的文本进行对比。	● 小演讲 ● 汇报 ● 演示 ● 拼图 ● 观看视频 ● 实地考察 ● 特邀发言人 ● 撰写文本

续表

5. 分组决定（TAPS 原则、随机分组、异质分组、同质分组、按兴趣分组、按任务分组、按结构分组）： **应用 调整** 学生按照选择板上的选择进行分组 / 学生独自一人、两人一组或者三人一组，完成选择板上的两个项目 / 学生展示选择板上的项目。教师和同学通过量规提供反馈				● 学习中心 ● 项目学习 ● 学习契约 ● 压缩 / 丰富 ● 以问题为基础 ● 探究 ● 研究 ● 自主学习
6. 评估： 每个学生写一篇有关骨骼和肌肉系统的必要性和功能的论文，阐述为了过上健康的生活，他们在保护这些系统上所做的努力。对两种系统中的组成部分及其功能进行考查。 尊重差异（学习风格、多元智能、个人兴趣等）				● 小测验、考试 ● 表演 ● 作品 ● 汇报 ● 演示 ● 日记、日志 ● 清单 ● 学生成长记录袋 ● 评估量规 ● 元认知

高中课程：美国历史

在这节课上，教师设计的学习策略是差异化的。教师使用了一个快速的、信息量丰富的预评估来判断学生已经知道了哪些知识，通过多种多样视觉的、听觉的和打印出来的材料以及合作小组中的讨论来激发学生的兴趣。通过"九宫格"游戏和选择板给学生提供学习任务的选择，学生借助这些任务复述出学习的内容并通过各种方式展示他们的理解。

请记住，我们不一定要把每一节课都按照学习内容的复杂性和挑战性划分为三个水平。当然，设计出有趣的、吸引人的和合适的方法来学习新概念和新技能总是很重要的。

就美国社会课程中"美国移民"这节课而言，以下是《共同核心州立标准》中的相关要求，本课的差异教学设计见表8.3。

ELA RH.11—12.1：引用具体的文本证据来支持对原始材料和二手材料的分析，把从具体细节中获得的见解与对文本的整体理解联系起来。

ELA RH.11—12.2：确定原始材料和二手材料中的核心观点或信息；进行精确的总结和概述，将关键细节和观点之间的关系清晰明确地表达出来。

ELA RH.11—12.3：评价对一些行为和事件的解释，并且判断哪个解释最符合文本中的证据，告知文本中哪些地方还留有不确定性。

ELA RH.11—12.7：为了解答一个问题或解决一个难题，整合并评价来自多方面的、不同媒介和多种形式的信息（如视觉类的、数据型的、语言类的）。

ELA WHST.11—12.9：从信息型文本中抽取证据来支持分析、反思和研究。

这节课重点在于记笔记的技能训练以及总结使用四角形的图形组织器，作为预评估活动，学生可以据此记录关于移民群体的信息。提出个人问题能使学生深入对这个主题的调查研究。使用兴趣调查这种方法也能帮助学生自身与所学内容相联系。

有多种资源能引导学生进行移民群体的调查，在整个学习过程中，TAPS的分组方法可贯穿始终。全体学生可共同完成一项兴趣调查，而每个学生则要独立明确自己的兴趣。学生还要在不同的时间内两人一组或多人一组展开学习。通过多种学习策略，学生可以进行多层次、多样化的操练。不同的学习风格（听觉的、视觉的、触觉的）在这里得到了尊重。一定要记得，同一种尺寸不能满足所有人的需要！

表8.4给出了可供教师思考的反思性问题，据此教师可以为学生的学习提供差异化教学策略。

表8.3 高中社会课程差异教学设计：检视来自欧洲的移民对美国文化的影响

1.标准（学生应该学到什么？能够做什么？）：检视来自欧洲的移民的涌入及其对美国社会的贡献	数据收集评估工具：日志、清单、日记、日程安排、课堂观察表、学生成长记录袋、评估量规、学习契约
关键问题：21世纪初的种族移民是如何影响我们当今在美国的生活的？	

2. 内容（概念、词汇、事实）： 外来移民，文化，移居国外，迁移，种族，就业，宗教	**技能：** 比较与对比 研究与数据收集 视觉呈现
3. 激活学生思维（重点活动是预评估）： 预评估 先前知识 使学生参与其中 学生创建一个四角形图形组织器，填上他们已经知道的 21 世纪初有关移民的信息。每个学生都提出一个自己的问题。 特邀发言人：有过移民经历的祖父母	● 小测验、考试 ● 调查 ● "已知—想知—新知" 策略 ● 日记 ● 用手臂示意理解程度 ● 头脑风暴 ● 概念形成 ● 用拇指示意理解程度
4. 习得（全体或小组学习）： 做一个兴趣调查，调查学生想要细致地研究哪种移民群体。学生会用到网络、文本、资源中心和社区资源来收集信息并呈现在大白纸上。	● 小演讲 ● 汇报 ● 演示 ● 拼图 ● 观看视频 ● 实地考察 ● 特邀发言人 ● 撰写文本
5. 分组决定（TAPS 原则、随机分组、异质分组、同质分组、按兴趣分组、按任务分组、按结构分组）： **应用** **调整** 小组学生将在全班展示汇报他们的研究结果。每个学生都将根据选择板的选择，和与自己所研究的种族不同的学生搭档，共同完成对一个分类矩阵表格的填写。学生要不断加入不同的小组内，直到整个表格填好、所有学生都参与了所有移民群体的讨论为止。	● 学习中心 ● 项目学习 ● 学习契约 ● 压缩／丰富 ● 以问题为基础 ● 探究 ● 研究 ● 自主学习

续表

6. 评估： 每个小组都要创建一个思维导图，体现移民对美国文化的贡献。 进行有关 21 世纪初移民和不同种族的影响的考试。 尊重差异（学习风格、多元智能、个人兴趣等）	● 小测验、考试 ● 表演 ● 作品 ● 汇报 ● 演示 ● 日记、日志 ● 清单 ● 学生成长记录袋 ● 评估量规 ● 元认知

表 8.4　教师为学生设计的差异学习问题清单

创设（Building）安全的环境①

● 学生在尝试冒险或者实践想法时感觉安全吗？

● 学生在班级能感觉到被接纳和被支持吗？

● 任务具有足够的挑战性吗？

● 对学生来说有没有情感上的连接（"钩子"）？

● 有没有新奇的、独特的活动能吸引并保持学生的注意力？

● 每个学生"独特的大脑"是否受到尊重并为之提供了相应的学习材料？（学习风格和多元智能）

认识（Recognizing）并尊重差异

● 学习体验是否能适合学生的多元智能与学习风格？

● 学生可以进行合作学习和独立学习吗？

● 学生能以多样化的方式呈现他们已有的知识吗？

● 学生的文化背景影响教学吗？

---

① "创设安全的环境"等小标题，在原著语境中，分别以字母"B-R-A-I-N"开头，即组成了英文单词"大脑"。作者意在强调这些问题、策略均以脑科学研究为基础。用这种方式来表达，也有助于读者迅速记忆这些小标题的含义。——译者注

评估（Assessment）

● 预评估是用来了解学生的准备水平的吗？

● 学生是否有足够的时间来探索和理解，把学习内容转化到长时记忆中（生长树突）？学生有时间掌握吗？

● 有针对学生发展的及时反馈吗？

● 学生有时间去重温观点和概念，并在观点和概念之间建立联系、进行拓展吗？

● 学生元认知的时间成为学习过程的一部分了吗？

● 学生会运用日志和日记进行反思和目标设定吗？

教学（Instructional）策略

● 教学期望是否表达清楚？学生是否理解期望？

● 学习内容是否和学生相关且有用？

● 学习是否建立在学生的已有知识基础上且能带来一种新的体验？

● 学习的内容和真实世界有关联吗？

● 教学策略是否与学生的发展相适宜，且是教师亲身实践过的？

● 教学策略是否多样且能吸引学生的注意力？

● 学生有开展项目研究、进行创造活动、解决问题和完成挑战的机会吗？

多样化（Numerous）的课程方法

● 学生是独自一人、两人一组还是以小组的形式完成学习活动？

● 学生是在以兴趣、需要或选择为基础的学习中心学习吗？

● 教师是否调整了活动，使之适合学生的挑战水平？

● 教师是否运用前测以进行内容压缩（丰富）？

● 教师是否考虑了问题解决、探究与学习契约等方法？

　　现在的学校比以往任何时候都要好。教师在学生学习前、学习中和学习后进行了更多的评估。很多数据被诠释并运用到教学设计中。课堂也比以往更有效。尽管如此，差异化课堂还是有成长和进步的空间。以下是改进与推进差异化课堂的一些方法：

　　● 运用小段的讲授，在整合课程的过程中将知识点分块传授。

● 继续学习和整合有新意的教学工具来教授《共同核心州立标准》。

● 创设一种学习文化，在这种文化中学生可以冒险，感觉安全且被接纳。

● 设计有新意的作业，提高学生的参与度。

● 更多地了解每个学生和他们的需要，分别建立学习档案。

● 不要浪费时间。教一些不契合《共同核心州立标准》的课程就是在浪费你的时间。

● 让学生开展同伴评估和自我评估，以便得到及时的反馈，从错误中学习经验、教训，并强化正确的部分。这也给了教师充分的时间去关注那些需要教师更直接指导的学生。

记住，同一种尺寸不能满足所有人的需要，不一样的孩子，不一样的方法！

参 考 文 献

Anderson, L., & Krathwohl, D. (Eds.). (2001). *A taxonomy for learning, teaching, and assessing: A revision of Bloom's taxonomy of educational objectives.* New York, NY: Addison-Wesley Longman.

Aronson, E. (1978). *The jigsaw classroom.* Beverly Hills, CA: Sage.

Baumeister, R. F., & Vohs, K. D. (2006). *Handbook of self-regulation: Research, theory and applications* (2nd ed.). New York, NY: Guilford Press.

Bellanca, J., & Fogarty, R. (1991). *Blueprints for thinking in the cooperative classroom.* Thousand Oaks, CA: Corwin.

Bennett, B., Rolheiser-Bennett, C., & Stevahn, L. (1991). *Cooperative learning: Where heart meets mind.* Toronto, Ontario, Canada: Educational Connections.

Berte, N. (1975). *Individualizing education by learning contracts.* San Francisco, CA: Jossey-Bass.

Black, P., Harrison, C., Lee, C., Marshall, B., & Wiliam, D. (2004). Working inside the black box: Assessment for learning in the classroom. *Phi Delta Kappan, 86*(1), 8–21.

Black, P., & Wiliam, D. (2009). Developing the theory of formative assessment. *Educational Assessment, Evaluation, and Accountability, 21,* 5–31.

Bloom, B. S., et al. (1956). *Taxonomy of educational objectives. Handbook 1: Cognitive domain.* New York, NY: David McKay.

Brain, M. (2000). *How laughter works.* Retrieved from http://health.howstuffworks.com/mental-health/human-nature/other-emotions/laughter.htm.

Brooks, J., & Brooks, M. (1993). *In search of understanding: The case for constructivist classrooms.* Alexandria, VA: Association for Supervision and Curriculum Development.

Brooks, R., & Goldstein, S. (2008). The mindset of teachers capable of fostering resilience in students. *Canadian Journal of School Psychology, 23,* 114–126.

Burke, K. (1993). *The mindful school: How to assess authentic learning.* Thousand Oaks, CA: Corwin.

Burke, K. (2009). *How to assess authentic learning* (5th ed.). Thousand Oaks, CA: Corwin.

Burke, K., Fogarty, R., & Belgrad, S. (1994). *The portfolio connection.* Thousand Oaks, CA: Corwin.

Caine, G., Caine, R. N., & Crowell, S. (1994). *Mindshifts: A brain-based process for restructuring schools and renewing education.* Tucson, AZ: Zephyr.

Caine, R. N., & Caine, G. (1991). *Making connections: Teaching and the human brain.* Alexandria, VA: Association for Supervision and Curriculum Development.

Caine, R. N., & Caine, G. (1994). *Making connections: Teaching and the human brain.* Reading, MA: Addison-Wesley.

Caine, R. N., & Caine, G. (1997). *Education on the edge of possibility.* Alexandria, VA: Association for Supervision and Curriculum Development.

Campbell, D. (1998). *The Mozart effect.* New York, NY: Avon.

Cantelon, T. (1991a). *The first 4 weeks of cooperative learning.* Portland, OR: Prestige.

Cantelon, T. (1991b). *Structuring the classroom successfully for cooperative team learning.* Portland, OR: Prestige.

Cardoso, S. H. (2000). Our ancient laughing brain. *Cerebrum: The Dana Forum on Brain Science, 2*(4), 15–30.

Chapman, C. (1993). *If the shoe fits: How to develop multiple intelligences in the classroom.* Thousand Oaks, CA: Corwin.

Chapman, C., & King, R. (2000). *Test success in the brain-compatible classroom.* Tucson, AZ: Zephyr Press.

Chapman, C., & King, R. (2005). *Differentiated assessment strategies: One tool doesn't fit all.* Thousand Oaks, CA: Corwin.

Chapman, C., & King, R. (2007a). *Differentiated reading and writing strategies for elementary classrooms* (Multimedia kit). Thousand Oaks, CA: Corwin.

Chapman, C., & King, R. (2007b). *Differentiated reading and writing strategies for secondary classrooms* (Multimedia kit). Thousand Oaks, CA: Corwin.

Chapman, C., & King, R. (2008). *Differentiated instructional management: Work smarter, not harder.* Thousand Oaks, CA: Corwin.

Chapman, C., & King, R. (2009a). *Differentiated instructional strategies for reading in the content areas* (2nd ed.). Thousand Oaks, CA: Corwin.

Chapman, C., & King, R. (2009b). *Differentiated instructional strategies for writing in the content areas* (2nd ed.). Thousand Oaks, CA: Corwin.

Chapman, C., & Vagle, N. (2011). *Motivating students: 25 strategies to light the fire of engagement.* Bloomington, IN: Solution Tree Press.

Cherniss, C., & Goleman, D. (2001). *The emotionally intelligent workplace: How to select for, measure, and improve emotional intelligence in individuals, groups, and organizations.* San Francisco, CA. Jossey-Bass.

Clarke, J., Wideman, R., & Eadie, S. (1990). *Together we learn.* Scarborough, Ontario, Canada: Prentice Hall.

Costa, A. (1995). *Outsmarting IQ: The emerging science of learnable intelligence.* Old Tappan, NJ: Free Press.

Cowan, G., & Cowan, E. (1980). *Writing.* New York, NY: John Wiley & Sons.

Csikszentmihalyi, M. (1990). *Flow: The psychology of optimal experience.* New York, NY: HarperCollins.

Damasio, A. R. (1994). *Descartes' error.* New York, NY: Putnam.

Darling-Hammond, L., Barron, B., Pearson, P.D., Schoenfeld, A. H., Stage, E. K., Zimmerman, T. D., . . . & Tilson, J. L. (2008). *Powerful learning: What we know about teaching for understanding.* San Francisco, CA: John Wiley & Sons.

de Bono, E. (1987). *CoRT thinking program.* Elmsford, NY: Pergamon.

Dean, C. B., Hubbell, E. R., Pitler, H., & Stone, B. J. (2012). *Classroom instruction that works: Research-based strategies for increasing student achievement* (2nd ed.). Alexandria, VA: Association for Supervision and Curriculum Development.

DePorter, B., Reardon, M., & Singer-Nourie, S. (1998). *Quantum teaching: Orchestrating student success.* Boston, MA: Allyn & Bacon.

Diamond, M. (2001). Response of the brain to enrichment. *Annals of the Brazilian Academy of Sciences, 73,* 211–220.

Donavan, S., & Bransford, J. D. (2005). *How students learn history, mathematics, and science in the classroom.* Washington, DC: National Academies Press.

Doyle, M., & Strauss, D. (1976). *How to make meetings work.* New York, NY: Playboy.

Driscoll, M. E. (1994, April). *School community and teacher's work in urban settings: Identifying challenges to community in the school organization.* Paper presented at the annual meeting of the American Educational Research Association, New Orleans, LA.

Dunn, K., & Dunn, R. (1992). *Bringing out the giftedness in your child.* New York, NY: John Wiley & Sons.

Dunn, R., & Dunn, K. (1987). Dispelling outmoded beliefs about student learning. *Educational Leadership, 44*(6), 55–61.

Dweck, C. S. (2006). *Mindset: The new psychology of success.* New York, NY: Random House.

Earl, L. (2003). *Assessment as learning: Using classroom assessment to maximize student learning.* Thousand Oaks, CA: Corwin.

Ekwall, E. E., & Shanker, J. L. (1988). *Diagnosis and remediation of the disabled reader* (3rd ed.). Boston, MA: Allyn & Bacon.

Fogarty, R. (1998). *Problem-based learning and other curricular models for the multiple intelligences classroom.* Thousand Oaks, CA: Corwin.

Fogarty, R., & Stoehr, J. (1995). *Integrating curricula with multiple intelligences: Teams, themes, and threads.* Thousand Oaks, CA: Corwin.

Frey, N., Fisher, D., & Everlove, S. (2009). *Productive group work: How to engage students, build teamwork, and promote understanding.* Alexandria, VA: Association for Supervision and Curriculum Development.

Fullan, M. (with Steigelbauer, S.). (1991). *The new meaning of educational change.* New York, NY: Teachers College Press.

Gardner, H. (2004). *Frames of mind: The theory of multiple intelligences* (20th anniv. ed.). New York, NY: Basic Books.

Gardner, H. (2006). *Multiple intelligences: New horizons in theory and practice.* New York, NY: Basic Books.

Gay, G. (2000). *Culturally responsive teaching: Theory, research, and practice.* New York, NY: Teachers College Press.

Geake, J. G. (2009). *The brain at school: Educational neuroscience in the classroom.* New York, NY: McGraw-Hill.

Gibbs, J. (1995). *Tribes: A new way of learning and being together.* Santa Rosa, CA: Center Source.

Glasser, W. (1990). *The quality school.* New York, NY: Harper & Row.

Glasser, W. (1998). *Choice theory in the classroom.* New York, NY: HarperCollins.

Goleman, D. (1995). *Emotional intelligence.* New York, NY: Bantam.

Goleman, D. (1998). *Working with emotional intelligence.* New York, NY: Bantam.

Goleman, D. (2006). Teaching to student strengths: The socially intelligent leader. *Educational Leadership, 64*(1), 76–81.

Goodwin, B., Lefkowits, L., Woempner, C., & Hubbell, E. (2012). *The future of schooling: Educating America in 2020.* Bloomington, IN: Solution Tree.

Green, E. J., Greenough, W. T., & Schlumpf, B. E. (1983). Effects of complex or isolated environments on cortical dendrites of middle-aged rats. *Brain Research, 264,* 233–240.

Gregorc, A. (1982). *Inside styles: Beyond the basics.* Columbia, CT: Gregorc Associates.

Gregory, G. H. (2005). *Differentiating instruction with style.* Thousand Oaks, CA: Corwin.

Gregory, G. H. (2008). *Differentiated instructional strategies in practice.* Thousand Oaks, CA: Corwin.

Gregory, G. H., & Kaufeldt, M. (2012). *Think big, start small: How to differentiate instruction in a brain-friendly classroom.* Bloomington, IN. Solution Tree Press.

Gregory, G. H., & Kuzmich, L. (2004). *Data-driven differentiation in the standards-based classroom.* Thousand Oaks, CA: Corwin.

Gregory, G. H., & Kuzmich, L. (2005a). *Differentiated literacy strategies for student growth and achievement in grades K–6.* Thousand Oaks, CA: Corwin.

Gregory, G. H., & Kuzmich, L. (2005b). *Differentiated literacy strategies for student growth and achievement in grades 7–12.* Thousand Oaks, CA: Corwin.

Gregory, G. H., & Kuzmich, L. (2007). *Teacher teams that get results: 61 group process skills and strategies.* Thousand Oaks, CA: Corwin.

Gregory, G. H., & Kuzmich, L. (2008). *Student teams that get results: 61 group process skills and strategies.* Thousand Oaks, CA: Corwin.

Gregory, G. H., & Parry, T. S. (2006). *Designing brain-compatible learning* (3rd ed.). Thousand Oaks, CA: Corwin.

Gurian, M., Henley, P., & Trueman, T. (2001). *Boys and girls learn differently: A guide for teachers and parents*. San Francisco, CA: Jossey-Bass.

Gurian, M., & Stevens, K. (2005). *The minds of boys: Saving our sons from falling behind in school and life*. San Francisco, CA: Jossey-Bass.

Hallowell, E. M. (2011). *Shine: Using brain science to get the best from your people*. Boston, MA: Harvard Business School.

Hanson, J. R., & Silver, H. F. (1978). *Learning styles and strategies*. Moorestown, NJ: Hanson Silver Strong.

Hargreaves, S., & Fullan, M. (1998). *What's worth fighting for out there?* New York, NY: Teachers College Press.

Harmin, M. (1994). *Inspiring active learning*. Alexandria, VA: Association for Supervision and Curriculum Development.

Hart, L. A. (1998). *Human brain and human learning*. Kent, WA: Books for Educators.

Healy, J. (1992). *Endangered minds: Why our children don't think*. New York, NY: Simon & Schuster.

Healy, J. (2010). *Different learners: Identifying, preventing, and treating your child's learning problems*. New York, NY: Simon & Schuster.

Hill, S., & Hancock, J. (1993). *Reading and writing communities*. Armadale, Australia: Eleanor Curtin.

Hunter, R. (2004). *Madeline Hunter's mastery teaching: Increasing instructional effectiveness in elementary and secondary schools* (Rev. ed.). Thousand Oaks, CA: Corwin.

Hyerle, D. (2009). *Visual tools for transforming information into knowledge*. Thousand Oaks, CA: Corwin.

Immordino-Yang, M. H., & Damasio, A. (2007). We feel, therefore we learn: The relevance of affective and social neuroscience to education. *Mind, Brain, and Education, 1*(1), 3–10.

Jensen, E. (1996). *Completing the puzzle: The brain-based approach*. Del Mar, CA: Turning Points.

Jensen, E. (1998a). *Introduction to brain-compatible learning*. Thousand Oaks, CA: Corwin.

Jensen, E. (1998b). *Teaching with the brain in mind*. Alexandria, VA: Association for Supervision and Curriculum Development.

Johnson, D. W., & Johnson, F. P. (2009). *Joining together* (10th ed.). Upper Saddle River, NJ: Pearson.

Johnson, D. W., Johnson, R. T., & Holubec, E. J. (1998). *Cooperation in the classroom*. Edina, MN: Interaction Book.

Kagan, S. (1992). *Cooperative learning*. San Clemente, CA: Kagan.

Knowles, M. (1986). *Using learning contracts*. San Francisco, CA: Jossey-Bass.

Kolb, D. (1984). *Experiential learning: Experience as the source of learning and development*. Englewood Cliffs, NJ: Prentice Hall.

Kotulak, R. (1996). *Inside the brain: Revolutionary discoveries of how the mind works*. Kansas City, MO: Andrews & McMeely.

LeDoux, J. (1996). *The emotional brain*. New York, NY: Simon & Schuster.

Lou, Y., Alorami, P. C., Spence, J. C., Paulsen, C., Chambers, B., & d'Apollonio, S. (1996). Within-class grouping: A meta-analysis. *Review of Educational Research, 66*, 423–458.

Lyman, F., & McTighe, J. (1988). Cueing thinking in the classroom: The promise of theory-embedded tools. *Educational Leadership, 5*(7), 18–24.

Marzano, R. J. (1992). *A different kind of classroom teaching with dimensions of learning*. Alexandria, VA: Association for Supervision and Curriculum Development.

Marzano, R. J. (2007). *The art and science of teaching: A comprehensive framework for effective instruction*. Alexandria, VA: Association for Supervision and Curriculum Development.

Marzano, R. J., & Brown, J. L. (2009). *A handbook for the art and science of teaching*. Alexandria, VA: Association for Supervision and Curriculum Development.

Marzano, R. J., Pickering, D. J., & Pollack, J. E. (2001). *Classroom instruction that works*. Alexandria, VA: Association for Supervision and Curriculum Development.

Maslow, A. (1954). *Motivation and personality.* New York, NY: Harper & Row.

Maslow, A. (1968). *Toward a psychology of being.* New York, NY: Van Nostrand Reinhold.

McCarthy, B. (1990). Using the 4MAT system to bring learning styles to schools. *Educational Leadership, 48*(2), 31–37.

McCarthy, B., & McCarthy, D. (2006). *Teaching around the 4MAT cycle: Designing instruction for diverse learners with diverse learning styles.* Thousand Oaks, CA: Corwin.

McMillan, J. H. (Ed.). (2007). *Formative classroom assessment: Theory into practice.* New York, NY: Teachers College Press.

McTighe, J. (1990). *Better thinking and learning.* [Workshop handout]. Baltimore: Maryland State Department of Education.

Miller, G. (1956). The magical number seven, plus or minus two: Some limits on our capacity for processing information. *Psychological Review, 63,* 81–97.

Pianta, R. C., Hitz, R., & West, B. (2010). *Increasing the application of developmental sciences knowledge in educator preparation: Policy and practice issues.* Washington, DC: National Council for Accreditation of Teacher Education. Retrieved from http://www.ncate.org/LinkClick.aspx?fileticket=OGdzx714RiQ%3D&tabid=706.

National Institute of Child Health and Human Development. (2004). *Teaching children to read: An evidence-based assessment of the scientific research literature on reading and its implications for reading instruction.* Washington, DC: Government Printing Office.

Ogle, D. (1986). K-W-L: A teaching model that develops active reading of expository text. *Reading Teacher, 39,* 564–574.

O'Keefe, J., & Nadel, L. (1978). *The hippocampus as a cognitive map.* Oxford, UK: Clarendon.

Ornstein, R., & Thompson, R. (1984). *The amazing brain.* Boston, MA: Houghton Mifflin.

Panksepp, J. (1998). *Affective neuroscience: The foundations of human and animal emotions.* New York, NY: Oxford University Press.

Pascal-Leon, J. (1980). Compounds, confounds, and models in developmental information processing: A reply to Trabasso and Foellinger. *Journal of Experimental Child Psychology, 1,* 18–40.

Paulson, F. L., Paulson, P. R., & Meyer, C. A. (1991). What makes a portfolio a portfolio? *Educational Leadership, 48*(5), 60–63.

Pert, C. B. (1998). *Molecules of emotion.* New York, NY: Scribner.

Peterson, L. R., & Peterson, M. J. (1959). Short-term retention of individual verbal items. *Journal of Experimental Psychology, 58,* 193–198.

Pinker, S. (1998). *How the mind works.* New York, NY: Norton.

Popham, W. J. (2006). Phony formative assessment: Buyer beware. *Educational Leadership, 64*(3), 86–87.

Prensky, M. (2010). *Teaching digital natives: Partnering for real learning.* Thousand Oaks, CA: Corwin.

Prestidge, L. K., & Williams Glaser, C. H. (2000). Authentic assessment: Employing appropriate tools for evaluating students' work in 21st-century classrooms. *Intervention in School & Clinic, 35,* 178–182.

Ratey, J. J. (2008). *Spark: The revolutionary new science of exercise and the brain.* New York, NY: Little, Brown.

Reeves, D. (2000). Standards are not enough: Essential transformations for school success. *NASSP Bulletin, 84,* 5–19.

Reis, S., & Renzulli, J. (1992). Using curriculum compacting to challenge the above average. *Educational Leadership, 50*(2), 51–57.

Restak, R. (1993). *The brain has a mind of its own.* New York, NY: Harmony.

Robbins, P., Gregory, G., & Herndon, L. (2000). *Thinking inside the block schedule.* Thousand Oaks, CA: Corwin.

Rolheiser, C., Bower, B., & Stevahn, L. (2000). *The portfolio organizer.* Alexandra, VA: Association for Supervision and Curriculum Development.

Rowe, M. B. (1988, Spring). Wait time: Slowing down may be a way of speeding up. *Educator,* p. 43.

Rozman, D. (1998, March). Speech given at the Symposium on the Brain. Berkeley: University of California, Berkeley.

Sapolsky, R. M. (1998). *Why zebras don't get ulcers.* New York, NY: Freeman.

Sax, L. (2005). *Why gender matters.* New York, NY: Doubleday.

Shanker, S., & Downer, R. (2012). Enhancing the potential in children (EPIC). In L. Miller & D. Hevey (Eds.), *Policy issues in the early years* (pp. 61–76). London, UK: Sage.

Shepard, L. (2006, June). *Integrating assessment with instruction: What will it take to make it work.* Panel presentation at the National Large-Scale Assessment Conference, San Francisco, CA.

Silver, H. F., & Perini, M. (2010). The 8 C's of engagement: How learning styles and instructional design increase student commitment to learning. In R. Marzano (Ed.), *On excellence in teaching* (pp. 319–344). Bloomington, IN: Solution Tree Press.

Silver, H. F., Strong, R. W., & Perini, M. J. (2000). *So each may learn: Integrating learning styles and multiple intelligences.* Alexandria, VA: Association for Supervision and Curriculum Development.

Slavin, R. E. (1994). *Cooperative learning: Theory, research, and practice.* Boston, MA: Allyn & Bacon.

Smith, F. (1986). *Insult to intelligence.* New York, NY: Arbor House.

Sousa, D. A. (2006). *How the brain learns* (3rd ed.). Thousand Oaks, CA: Corwin.

Sousa, D. A. (Ed.). (2010). *Mind, brain, and education: Neuroscience implications for the classroom.* Bloomington, IN: Solution Tree Press.

Sousa, D. A. (2011). *What principals need to know about the basics of creating brain-compatible classrooms.* Bloomington, IN: Solution Tree Press.

Sousa, D. A., & Tomlinson, C. A. (2010). *Differentiation and the brain: How neuroscience supports the learner-friendly classroom.* Bloomington, IN: Solution Tree Press.

Sprenger, M. (1998). *Learning and memory: The brain in action.* Alexandria, VA: Association for Supervision and Curriculum Development.

Stepien, W., Gallagher, S., & Workman, D. (1993). Problem-based learning for traditional and interdisciplinary classrooms. *Journal for Gifted Education, 16,* 338–357.

Sternberg, R. (1996). *Successful intelligence: How practical and creative intelligence determine success in life.* New York, NY: Simon & Schuster.

Stiggins, R. (1993). *Student-centered classroom assessment.* Englewood Cliffs, NJ: Prentice Hall.

Stiggins, R. J. (2001). *Student-involved classroom assessment* (3rd ed.). Upper Saddle River, NJ: Merrill Prentice Hall.

Stiggins, R. J., Arter, J, Chappuis, J., & Chappuis, S. (2006). *Classroom assessment for student learning: Doing it right: Using it well.* Princeton, NJ: Merrill Prentice Hall.

Sylwester, R. (1995). *A celebration of neurons: An educator's guide to the brain.* Alexandria, VA: Association for Supervision and Curriculum Development.

Tapscott, D. (2009). *Grown up digital: How the net generation is changing your world.* New York, NY: McGraw-Hill.

Tilly, D. (2009). Questions and answers on response to intervention. *Journal of Special Education Leadership, 50*(4), 7, 12.

Tomlinson, C. A. (1998). *Differentiating instruction: Facilitator's guide.* Alexandria, VA: Association for Supervision and Curriculum Development.

Tomlinson, C. A. (1999). *The differentiated classroom: Responding to the needs of all learners.* Alexandria, VA: Association for Supervision and Curriculum Development.

Tomlinson, C. A. (2001). *How to differentiate instruction in mixed-ability classrooms* (2nd ed.). Alexandria, VA: Association for Supervision and Curriculum Development.

Vygotsky, L. S. (1978). *Mind in society: The development of higher psychological processes.* Cambridge, MA: Harvard University Press.

Vygotsky, L. S. (1993). *The collected works of L. S. Vygotsky. Volume 2: The fundamentals of defectology* (J. E. Knox & C. B. Stevens, Trans., R. W. Rieber & A. S. Carton, Eds.). New York, NY: Plenum Press.

Wiggins, G., & McTighe, J. (1998). *Understanding by design.* Alexandria, VA: Association for Supervision and Curriculum Development.

Willis, J. (2010). Want children to "pay attention"? Make their brains curious! *Psychology Today.* Retrieved from http://www.psychologytoday.com/blog/radical-teaching/201005/want-children-pay-attention-make-their-brains-curious.

Winebrenner, S. (1992). *Teaching gifted kids in the regular classroom.* Minneapolis, MN: Free Spirit.

Wolfe, P. (2001). *Brain matters: Translating research into classroom practice.* Alexandria, VA: Association for Supervision and Curriculum Development.

Wolfe, P., & Sorgen, M. (1990). *Mind, memory and learning: Implications for the classroom.* Napa, CA: Author.

Wormeli, R. (2006). Fair isn't always equal: Assessing and grading in the differentiated classroom. Alexandria, VA: Association for Supervision and Curriculum Development.

Zull, J. (2002). *The art of changing the brain.* Sterling, VA: Stylus.

出版人　李　东
责任编辑　殷　欢
版式设计　宗沅书装　孙欢欢
责任校对　贾静芳
责任印制　叶小峰

图书在版编目（CIP）数据

差异教学策略：不一样的孩子，不一样的方法 /
（美）盖尔·格雷戈里，（美）卡罗琳·查普曼著；张小
红译 . —北京：教育科学出版社，2019.3（2023.9 重印）
（差异教学新视野丛书 / 华国栋主编）
书名原文：Differentiated Instructional
Strategies One Size Doesn't Fit All Third Edition
ISBN 978-7-5191-1786-3

Ⅰ.①差…　Ⅱ.①盖…　②卡…　③张…　Ⅲ.①教学研
究　Ⅳ.① G420

中国版本图书馆 CIP 数据核字（2019）第 043660 号

北京市版权局著作权合同登记　图字：01-2018-3816 号

差异教学新视野丛书

差异教学策略：不一样的孩子，不一样的方法
CHAYI JIAOXUE CELÜE: BU YIYANG DE HAIZI, BU YIYANG DE FANGFA

出版发行	教育科学出版社		
社　　址	北京·朝阳区安慧北里安园甲 9 号	市场部电话	010-64989009
邮　　编	100101	编辑部电话	010-64981269
传　　真	010-64891796	网　　址	http://www.esph.com.cn
经　　销	各地新华书店		
制　　作	北京大有艺彩图文设计有限公司		
印　　刷	保定市中画美凯印刷有限公司		
开　　本	720 毫米 × 1020 毫米　1/16	版　　次	2019 年 3 月第 1 版
印　　张	16.75	印　　次	2023 年 9 月第 2 次印刷
字　　数	249 千	定　　价	48.00 元

如有印装质量问题，请到所购图书销售部门联系调换。

Differentiated Instructional Strategies One Size Doesn't Fit All Third Edition

By Gayle H. Gregory and Carolyn Chapman